BUR
Rizzoli

KAREN GUGGENHEIM

COLTIVA LA TUA FELICITÀ

Come affrontare traumi e difficoltà, cambiare le tue abitudini e trasformare la tua vita

BUR Rizzoli
Gatti Blu

Pubblicato per

BUR
Rizzoli

da Mondadori Libri S.p.A.

ISBN 978-88-17-18215-7

Traduzione di Elena Cantoni

La citazione di pagina 7 è tratta da W. Shakespeare, *I Sonetti*,
traduzione di Maria Antonietta Marelli, Garzanti, Milano 2003,
1° ed. digitale 2016.

Prima edizione BUR Gatti Blu: marzo 2023

Realizzazione editoriale: Netphilo Publishing, Milano

Coltiva la tua felicità

Per Ricardo, Stefan e Kristof

Dovrei paragonarti a un giorno d'estate?
Tu sei ben più raggiante e mite:
venti furiosi scuotono le tenere gemme di maggio
e il corso dell'estate ha vita troppo breve:
talvolta troppo cocente splende l'occhio del cielo
e spesso il suo volto d'oro si rabbuia
e ogni bello talvolta da beltà si stacca,
spoglio dal caso o dal mutevol corso di natura.
Ma la tua eterna estate non dovrà sfiorire
né perdere possesso del bello che tu hai;
né morte vantarsi che vaghi nella sua ombra,
perché al tempo contrasterai la tua eternità:
finché ci sarà un respiro o occhi per vedere
questi versi avranno luce e ti daranno vita.

Shakespeare, *Sonetto 18*

PREFAZIONE

La nostra è stata un'intesa a prima vista.

Stavo per pubblicare il mio primo libro, *L'equazione della felicità*, quando un amico di Google mi suggerì di parlare con Karen. Mi spiegò che, quasi lo stesso giorno in cui sarebbe uscito il mio libro, Karen avrebbe inaugurato un evento orientato all'idea di diffondere il messaggio della felicità. Non eravamo fatti l'uno per l'altra? disse il mio amico, offrendosi di presentarmela.

Mancavano meno di tre settimane al lancio sia del summit sia del mio libro, perciò non pensavo che un nostro incontro sarebbe servito a granché. Tuttavia, poiché credo nella serendipità, decisi di accettare il suggerimento e contattai Karen via videochiamata.

Ed eccola, sul monitor del mio computer, circondata dall'attività frenetica che precede sempre gli eventi di vasta portata. Tutto intorno a lei irradiava eccitazione. Un'energia incredibile, una quantità di idee e di grandi aspettative per ciò che stava per accadere. *Il mondo ne ha bisogno, Mo*, mi disse Karen. *Il nostro mondo merita di essere felice.*

Persino separati da uno schermo avvertivo la sua energia e il suo trasporto. La presenza di Karen trasmette sempre positività.

Le chiesi perché stesse mettendo tanti sforzi e risorse in quell'iniziativa. La sua risposta combaciò alla perfezione con la mia.

Tre anni prima avevo perso mio figlio Ali, un ragazzo magnifico, per uno stupido errore medico. La mia reazione a quella tragedia era stata di scrivere un libro sulla felicità, un libro che insegnasse al mondo ciò che Ali aveva insegnato a me. Era il mio modo di tenere in vita il suo ricordo e di dire al mondo che la felicità è sempre a portata di mano, persino nelle circostanze più avverse. Quando le chiesi perché avesse lanciato WOHASU, Karen disse che era per tenere in vita il ricordo di suo marito, Ricardo, e per diffondere nel mondo la felicità che aveva appreso da lui.

Lo stesso identico pensiero. La stessa missione. Un'alleanza istantanea.

Tre settimane dopo mi presentai a Miami per partecipare al Summit, un evento che portava chiari tutti i valori e la positività di Karen: volontari felici di farsi in quattro per dare una mano; oratori da ogni segmento della società e dai quattro angoli del pianeta, pronti a condividere conoscenze ed esperienze; persino gli spettatori sprizzavano altruismo. Non erano venuti solo per essere felici ma per rendere felici anche gli altri. E Karen era ovunque, a impegnarsi senza risparmio, animata dalla volontà di trasformare WOHASU in un evento unico per tutti i partecipanti.

Dati i miei lunghi trascorsi professionali in un ambiente aziendale in cui gli eventi ruotavano esclusivamente intorno alla tecnologia, il business e i soldi, a colpirmi di WOHASU fu in primo luogo la quantità di gente che si fermava ad abbracciarmi. C'era un'atmosfera fantastica. Karen era riuscita a riunire una folla di persone con lo stesso cuore e lo stesso pensiero, persone che volevano davvero fare la differenza, non soltanto per se stesse ma per chiunque avessero intorno.

Un abbraccio, in particolare, fu memorabile. Accadde quando, per la prima volta, vidi Karen di persona. Amici istantanei. Anzi, vecchi amici che si conoscono e si aiutano da una vita. E per noi è stato davvero così: abbiamo continuato a partecipare l'uno alla vita dell'altra non soltanto con disponibilità ma con gioia.

Da quel giorno, sono intervenuto a ogni evento di WOHASU. Non per gli abbracci, anche se quelli sono davvero un bonus, ma per l'intenzione unica che Karen infonde in tutto ciò che fa, e che la rappresenta nel modo più profondo.

Il settore della felicità, se possiamo chiamarlo così, è pieno di life coach, guru, analisti, yogi, maestri, guaritori, scrittori, istruttori, per non parlare poi di Big Pharma. Tutti sostengono di aver trovato la formula magica, tutti pretendono attenzione e riconoscimento. Alcuni lo fanno per i soldi, altri per ego, altri ancora per trovare la propria via alla felicità. Alcuni lo considerano un lavoro, per altri è una passione. Alcuni riescono davvero a coinvolgere, altri hanno bisogno di un po' più di pratica.

Tra tante persone, ne ho incontrate pochissime che operano nel settore per il sincero desiderio di fare la differenza. Tra queste, Karen, con il suo impegno, la sua dedizione, la sua vulnerabilità, la sua energia e positività inesauribili, è una pietra preziosa. Dà tutta se stessa per la felicità del suo pubblico e pratica davvero ciò che predica. La storia di come ha costruito WOHASU è una testimonianza di ciò che è possibile realizzare quando si sceglie di fare davvero la differenza e ci si impegna con slancio e dedizione.

Ho atteso con impazienza il suo libro, perché sapevo che questa storia avrebbe ispirato moltissime persone a seguire il suo esempio, impegnandosi a dare alla felicità propria e altrui la massima priorità, e a mantenere l'impegno.

Spero che anche voi sarete tra questi. Vi auguro di godere di queste pagine quanto ne ho goduto io, e spero che nel leggerle invierete a Karen vibrazioni positive, per incoraggiarla a proseguire nella sua missione di rendere il mondo un posto migliore.

Mo Gawdat*

* Già Chief Business Officer di Google [X], autore del best-seller internazionale *L'equazione della felicità*, BUR, Milano 2018.

INTRODUZIONE

DAL TRAUMA ALLA CRESCITA

Abbiamo tutti sentito parlare del disturbo da stress post-traumatico (*Post-traumatic stress disorder*, PTSD), ma io non sapevo niente di un fenomeno chiamato crescita post-traumatica (*Post-traumatic growth*, PTG). Non è curioso come ci teniamo sempre al corrente delle cose negative e di tutto ciò che può andare storto nella vita, restando invece ignari dei suoi risvolti potenzialmente positivi? Ebbene, a quanto sembra, alcune persone possono davvero rifiorire in seguito all'avversità e al trauma. Io sono una di loro.

Al tempo non avevo idea di cosa fosse la crescita post traumatica, non mi ero neanche resa conto di averla sperimentata. Solo grazie a una conversazione con il professor Itai Ivtzan, quando stavo organizzando il World Happiness Summit, il Summit mondiale della felicità, ho cominciato a capire di averla vissuta, e che adesso potevo persino insegnarla agli altri. In queste pagine condividerò il modo in cui ho potuto ritrovare la felicità e raggiungere una profonda realizzazione personale dopo una tragedia devastante, il lutto e il trauma. Purtroppo, a causa della pandemia di Covid-19, milioni di persone in tutto il mondo sono state colpite dalla perdita di una persona cara, e forse adesso faticano a riprendersi. Io ho vissuto un'esperienza analoga.

Attraverso il senso di scopo e significato, ho scoperto che la felicità si può insegnare, e apprendere. Attraverso l'azione, ho compreso l'importanza della ripetizione e del riorientamento per un benessere e una felicità sostenibili. Attraverso il servizio agli altri, ho potuto creare un movimento globale incentrato su positività, compassione e gentilezza.

Questo libro è ispirato alle mie esperienze di imprenditrice sociale e leader di WOHASU, la piattaforma di benessere interiore derivata dal World Happiness Summit, il principale evento al mondo sulla scienza della felicità. Insieme a una squadra e a una comunità straordinarie, ho avuto l'onore di organizzare il Summit e di offrire agli esperti un veicolo per condividere con un pubblico globale gli strumenti di cambiamento positivo emersi dalle loro ricerche. Il mio obiettivo è diffondere le lezioni che ho tratto dall'opera di pensatori sociali e terapeuti di primo piano, che hanno dedicato la vita a indagare il benessere interiore, la felicità e la psicologia positiva, e dimostrare in che modo possiamo tutti avvalerci di questa disciplina relativamente nuova.

Due suoi pionieri, il prof. Richard G. Tedeschi e il prof. Lawrence G. Calhoun, definiscono la crescita post-traumatica come «i cambiamenti psicologici positivi sperimentati in virtù di una sofferenza». È successo anche a me. Devo la mia resilienza a diverse esperienze vissute durante l'infanzia che da adulta hanno facilitato il mio accesso alla crescita dopo il trauma. Sono nata in Nicaragua, uno dei Paesi più poveri dell'emisfero occidentale, e da bambina ho visto molta miseria e ingiustizia. Lasciai il mio Paese a nove anni, a causa della guerra civile che aveva spaccato in due intere famiglie e messo gli amici gli uni contro gli altri. Fu uno shock lasciarmi dietro la mia vita in Nicaragua per emigrare negli Stati Uniti. Cominciai a frequentare la scuola prima ancora di imparare l'inglese, e per giunta io sono dislessica. Ma ho lottato, mi sono impegnata, ho perseverato, e mi sono diplomata con il massimo dei voti, ottenendo borse di studio per l'università. Affrontare questi eventi, viverli sulla mia pelle e farne tesoro, mi ha aiutata a esercitare il muscolo della resilienza che in seguito mi avrebbe permesso di imboccare una nuova strada.

Per gran parte della mia vita, non sono stata consapevole di quanto gli eventi contribuissero a plasmarmi. Io ho grandi capacità di resilienza, ma ciò che ho vissuto dopo aver perso mio marito è stato qualcosa di più della resilienza, perché non mi sono limitata a tornare quella di prima: sono andata oltre. L'esperienza è stata così scioccante, dolorosa e decisiva, che la mia vita ne era uscita distrutta. Nonostante ciò, ho potuto sperimentare una crescita trasformativa, persino creare una comunità che si prefigge di incrementare la felicità e il benessere di tutti, e fondare il World Happiness Summit. La crescita che ho vissuto dopo la morte di mio marito ha fatto di me una leader del movimento globale della felicità. Stento a crederlo ancora adesso mentre lo scrivo.

Per capire la crescita, bisogna capire la perdita. Mio marito era un uomo magnifico. La mia storia ha un fondo di tristezza, ma è soprattutto un lascito di speranza e di amore.

Ho suddiviso questo libro nei cinque ambiti enucleati dall'Inventario della crescita post-traumatica di Tedeschi e Calhoun, in cui io stessa ho sperimentato un cambiamento positivo:

1. Nuove opportunità di vita e nuove scelte: sviluppare nuovi orientamenti e abitudini; innovazione e adattamento.
2. Potenziamento della forza interiore: scoprire la propria riserva inesplorata di risorse e forza interiori.
3. Nuovo apprezzamento della vita: prendere coscienza del valore della propria esistenza; esercitare consapevolezza e gratitudine.
4. Rafforzamento dei rapporti con il prossimo: provare un'empatia e una compassione più profonde, soprattutto nei confronti di chi ha bisogno.
5. Intensità spirituale: scoprire o ritrovare la sintonia con le proprie convinzioni essenziali.

In ogni capitolo, spiegherò in che modo i vari principi, le ricerche e gli schemi degli esperti hanno contribuito alla mia trasformazione. E, al termine di ogni capitolo, fornirò alcuni strumenti che mi sono stati d'aiuto, e altri che nel mio caso non sono serviti ma che potrebbero aiutare te o i tuoi cari.

Una delle cose che amo della felicità è la sua natura soggettiva. Fa piazza pulita di qualsiasi dibattito e discussione, perché ogni individuo raggiunge e coltiva la felicità a modo suo. Sarebbe come discutere del nostro colore preferito: non esistono risposte giuste o sbagliate. L'unico principio che vale per tutti è che la felicità è bella, e che nel perseguire la nostra non dobbiamo ledere quella degli altri. Anzi, noi siamo programmati per sentirci felici aiutando il prossimo. L'alternativa sarebbe contro natura – il che non è una buona idea. Ma di questo parleremo in un altro momento.

Condivido la mia storia per mostrarti che è possibile sperimentare la crescita dopo la perdita e il trauma, coltivare la felicità e riscrivere la nostra narrazione per vivere un'esistenza piena, aperta alla speranza e più felice – nella consapevolezza che il lutto è una parte naturale della vita. Se finora hai avuto la fortuna di non affrontare momenti davvero difficili, allora ti invito a usare questa storia e la conoscenza che ne deriva per diventare più felice, e aiutare altri che forse non sono stati altrettanto fortunati. Patrocinare il benessere personale non ha risvolti negativi: le persone felici hanno una performance migliore – fisica, mentale ed emotiva; hanno rapporti migliori con il prossimo; ottengono risultati migliori a scuola e sono più impegnate e produttive sul lavoro; e le comunità improntate a equità, giustizia e inclusione prosperano ben più di quelle che non investono nella promozione di questi principi di benessere. Gli strumenti che presento in questo libro sono di natura pratica, si possono imparare e, nel corso del tempo, il loro esercizio può determinare cambiamenti positivi, instillando un'impostazione mentale che apre alla speranza. Sono grata a tutti gli esperti di questa disciplina, per il loro lavoro straordinario e per la generosità con cui hanno condiviso con il mondo le loro conoscenze.

Il mio viaggio si basa sulla realtà, e comincia con la perdita. E indovina un po'? Le esperienze dolorose fanno soffrire.

PARTE I

NUOVE OPPORTUNITÀ DI VITA: È QUESTIONE DI SCELTA

1

TRAUMA

SOFFERENZA E LUTTO: LA SOFFERENZA È UN GRANDE CATALIZZATORE DI CAMBIAMENTO

> *«Il dolore può cambiarti, ma non è detto che il cambiamento debba essere negativo. Prendi il tuo dolore e tramutalo in saggezza.»*
> *Dalai Lama*

Udite udite: le esperienze dolorose fanno soffrire. Mancavano pochi giorni al primo World Happiness Summit, nel marzo 2017, quando, nel corso di un'intervista in diretta a un importante talk show televisivo, mi fu chiesto se partecipando al Summit le persone avrebbero smesso di provare tristezza. Come dice l'esperto di felicità, prof. Tal Ben-Shahar, «esistono soltanto due categorie di persone che non provano emozioni negative: gli psicopatici e i defunti». Dunque, ecco una buona notizia: se sei triste, significa che non sei psicopatico, e che sei vivo.

Non esiste una pillola magica o i «cinque facili passi» per la felicità, capaci di renderti immune all'intero spettro delle emozioni umane, perché noi tutti siamo… be', umani. La felicità è un processo. È strano quanto ci affanniamo a contrastare la nostra stessa natura, cercando di sfuggire ai meccanismi innati del nostro cervello e ignorando la nostra biologia, soprattutto per quanto riguarda l'impatto dei pensieri e delle emozioni sul benessere o il suo contrario. Tuttavia non è il caso di esagerare in autocritica: in fondo a scuola ci hanno insegnato quasi ogni cosa al mondo, tranne a conoscere noi stessi.

Nessuno ci ha spiegato perché abbiamo certe reazioni. Se esistano modi di essere che possono aiutarci a diventare più sani e più felici. A indagare le storie che raccontiamo a e su noi stessi, e le credenze che ci creiamo da soli, e che limitano il nostro potenziale. Nessuno ci ha mostrato i vantaggi biologici e professionali della felicità. E, naturalmente, a ben pochi di noi è stata insegnata la cosa più importante in assoluto: che, sebbene non sia possibile esercitare un controllo su ciò che ci capita nella vita, la scelta su come reagire a quegli eventi dipende da noi.

Esiste una disciplina relativamente nuova in grado di spiegare la mia guarigione e trasformazione, ma al tempo io non ne sapevo niente. Le mie prime lauree erano state in giornalismo e in psicologia *tradizionale*. Il mio campo è cambiato solo nel 1988, quando, con il suo celebre discorso alla American Psychological Association, Martin Seligman, allora presidente dell'associazione, incitò ricercatori e analisti a studiare i risultati che stavano emergendo da un ambito fino a quel momento trascurato che avrebbe cambiato per sempre la disciplina. Ma questo è accaduto dopo la mia laurea. Quando io ero al college, i corsi di psicologia positiva non esistevano proprio.

A quel tempo io credevo che la felicità dipendesse da fattori esterni. Ero felice quando mio marito passava più tempo a casa, se visitavo una nuova città, se i miei figli andavano bene a scuola, se qualcuno mi faceva un complimento, se trovavo un parcheggio vicino all'ingresso del supermercato. Non avevo preso coscienza dell'impatto e dell'influenza che io stessa potevo avere sul mio senso di felicità e di benessere. Non vedevo il collegamento tra me e la mia felicità; perciò non mi rendevo conto della possibilità di prendere decisioni in grado di farmi sentire meglio e più felice. Vivevo sballottata dalle onde dell'oceano: non ero io a governare la barca, usando il timone o le vele – dipendeva tutto dalla corrente.

Non avevo preso coscienza dell'impatto
e dell'influenza che io stessa potevo avere
sul mio senso di felicità e di benessere.

Solo quando ho perso mio marito, il mio mentore e l'amore della mia vita, ho capito di avere voce in capitolo nella mia felicità. Lui era così strettamente intrecciato a ogni parte della mia vita che la sua scomparsa l'aveva distrutta. Ha preso un'influenza e, nel giro di dieci giorni, la sua presenza fisica non c'era più. Non posso dire che sia sparito del tutto, perché è ancora molto presente nei nostri due figli, nei ricordi di amici e parenti, e nel mio cuore. Per me è rimasto vivo, perché ho scelto di concentrarmi sulla parte di lui che ha vissuto. È morto, ma prima aveva vissuto, e ha lasciato il segno su molte persone. Il suo ricordo è incancellabile. Ricardo era un'intricata combinazione di eccellenza, compassione, eleganza, carisma, tenacia e, soprattutto, bontà. Ecco chi era mio marito: un genio complicato.

Il mio migliore amico e il mio partner da ventun anni era morto, e anch'io avrei voluto morire. Non era questione di essere morbosi o depressi: era che di colpo ero stufa della vita. Era come se dopo le mille portate di una cena favolosa in un bellissimo ristorante, mi avessero offerto il dessert. No, volevo rispondere io, basta così. Mangiare un altro boccone sarebbe servito solo a rovinare tutto.

Ricardo era la persona migliore che abbia mai incontrato. La sua generosità, la sua arguzia e il suo fascino non avevano limiti. È stato un privilegio trovarmi al cospetto del suo genio, vedere come funzionava il suo cervello. Era diventato neurochirurgo a ventiquattro anni, e poi anche anestesiologo in un centro traumatologico, oltre a conseguire un master in Economia all'Università di Chicago. Malgrado tutto questo non era mai presuntuoso o pomposo, ma sempre umile e gentile. In un mondo in cui si può essere tutto, Ricardo era tante cose, ma aveva scelto di essere buono. Aveva superato enormi sofferenze emotive e un trapianto del midollo osseo. Era resiliente, e non si è mai considerato una vittima. Il suo lascito di bontà continua a vivere nel mio lavoro.

Ma nel momento in cui è morto, si è portato via il senso stesso della mia vita. Ero finita con lui. Come si dice spesso, mi trovavo al bivio: davanti a me c'erano due strade possibili, la vita e la morte, e io ero tentata di imboccare la seconda. Poi sentii una voce, appena un sussurro, che chiedeva: «E i bambini?». Oh, no. I miei due bellissimi maschietti, ancora sulla soglia della vita, in cerca delle loro ali. Erano presenti quando al loro papà era stato diagnosticato il cancro, ma erano ancora beatamente ignari di quanto assolutamente ingiusta e terribile possa essere la vita, a volte.

Sapevo di dover vivere perché li amavo, e perché loro avevano bisogno di me. Scegliere la vita mi sembrava uno sforzo sovrumano, quando sarebbe stato tanto più semplice arrendermi e lasciarmi per sempre alle spalle tutto quel dolore. Ma la strada più facile non era percorribile.

Così scelsi la vita, e in quel medesimo istante, decisi anche che la mia doveva essere una vita felice. Non sapevo come riuscirci, e di certo in quel momento stavo provando tutt'altro, ma sapevo che non avrei potuto vivere con me stessa se avessi accettato il ruolo di vittima: primo perché non sopporto di essere compatita, e secondo perché da vittima non sarei stata di alcun aiuto ai miei figli. E a che scopo restare se non fossi riuscita ad aiutarli? Perciò rifiutai la narrazione della vittima. Non avrei permesso a nessuno di bollarmi come «giovane vedova». Detesto quella parola. Appena tre sillabe, ma sono come un pugno allo stomaco.

Così scelsi la vita, e in quel medesimo istante, decisi anche che la mia doveva essere una vita felice.

Ho dedicato un intero capitolo alle narrazioni che ci creiamo e che diventano la mappa della nostra vita. Ogni parola porta con sé una storia, e spesso non ne siamo neanche consapevoli. Quando pensavo a quella parola – *vedova* – rivedevo tutti quei film in cui una donna dinamica e vitale passa il resto dei suoi giorni vestita di nero da testa a piedi ed emotivamente impietrita, se non addirittura murata di fatto in un convento. In quei film, la morte del marito significava la morte di entrambi. Io ero decisa a non presentarmi mai così, e a non vivere quella storia. Ho portato il lutto un'unica volta, al funerale, e appena tornata a casa quell'abito l'ho buttato. Il dolore lo portiamo dentro, al fondo di noi, e indossarlo anche fuori non serve a restituirci ciò che abbiamo perso, ma soltanto ad alimentare la tristezza. Un Natale mio nipote mi ha regalato una maglietta con la scritta: SONO LA FELICITÀ. Così ho pensato: noi tutti indossiamo le maglie delle squadre che tifiamo, allora perché non metterne una che facesse il tifo per ciò che volevo nella vita, per ciò che in futuro volevo diventare? La scelta di essere felice diventò una preziosa luce guida, come un faro che in una notte di tempesta permette alle navi di tornare in porto. Sperimentai metodi diversi, cominciai a praticare quelli che per me funzionavano meglio, e in seguito scoprii l'esistenza di prove scientifiche che dimostrano *perché* sono efficaci.

Ero diventata vedova a soli quarantadue anni, ma non avrei permesso a quell'etichetta di definirmi. Io non sono ciò che mi è accaduto. Io sono ciò che scelgo di essere. Ho scelto la felicità prima di sentirmi felice. Ho deciso di diventare protagonista della mia storia. Dovevo scrivere una nuova narrazione. La morte non era la fine: sarebbe stata l'inizio.

Ero diventata vedova a soli quarantadue anni,
ma non avrei permesso a quell'etichetta
di definirmi. Io non sono ciò che mi è accaduto.
Io sono ciò che scelgo di essere.

A traghettarmi verso la felicità sono stati il senso di scopo e di significato. Posta di fronte a un evento incontrollabile, decisi di concentrarmi sugli aspetti ancora sotto il mio controllo. E scoprii che potevo impegnarmi a trarre qualcosa di buono dalla catastrofe. Da ragazza, sognavo di laurearmi alla Georgetown University di Washington. Ma poi mi ero sposata. Quattro mesi dopo la morte di Ricardo, decisi di iscrivermi a un master in Business Administration, come omaggio a mio marito, in ricordo e in onore della sua memoria.

Sapevo che lui sarebbe stato orgoglioso di me, e questo mi dava sollievo e conforto. Avere uno scopo fu una zattera cui potevo aggrapparmi quando mi sembrava di annegare. Era una luce nell'oscurità. Stava emergendo una nuova storia, ed ero io a scriverla. Questo senso di autonomia è fondamentale per il benessere interiore. Ed è importante sottolineare che non esistono traumi o perdite di poco conto. Tutto dipende dall'impatto che un evento esercita su ciascuno. Ma gli strumenti e i metodi per la guarigione potenziano la resilienza, e sono alla portata di tutti.

Frequentando l'università, cominciai a conoscere nuove persone, a farmi nuovi amici, e provai un senso di appartenenza che mi rese più felice. Imparavo cose nuove – analisi aziendale, contabilità, finanza. Apprendere è un modo straordinario di promuovere il benessere. In breve, mi ero data uno scopo, stavo imparando, e coltivavo nuovi rapporti personali – tutti metodi scientificamente testati per essere più felici.

Ogni mattina, mentre mi vestivo e mi preparavo per la mia giornata, ascoltavo un po' di musica. Lo faccio ancora adesso. E, se possibile, ballo. Il movimento, come vedremo più avanti, ha un'importanza enorme per gli esseri umani, soprattutto nei periodi bui. Non aspettate di essere felici per mettere un po' di musica. Io uso le canzoni come parte del mio rituale mattutino, così da orientare la mia mente a sensazioni di serenità, ottimismo e speranza, anche quando di fatto sono triste o nervosa. Le abitudini positive sono cruciali per sviluppare modi di essere adatti a conseguire un benessere sostenibile.

Feci ricorso all'immaginazione, cercando di pensare al giorno in cui la mia vita avrebbe ritrovato un senso, e i miei figli sarebbero rifioriti. Visualizzare un futuro in cui saremmo tornati a ridere, e a scrivere nuove storie, diventò la mia forza propulsiva. Spesso abbiamo la tendenza a essere catastrofisti sulla vita e il futuro, anche quando in realtà non sta succedendo niente di brutto. Per timore di restare delusi, o per scaramanzia, non osiamo immaginare che in serbo per noi ci sia una magnifica svolta, e preferiamo concentrarci su tutto ciò che potrebbe andare storto. Ma è un atteggiamento assurdo. In questo modo otteniamo solo di vivere nel terrore di qualcosa che potrebbe non accadere mai. Che razza di spreco. Perciò mi impegnai a guardare al futuro come a un tempo di nuove opportunità. Perché escludere a priori che la mia vita potesse migliorare, e che tutto cominciasse ad andare per il verso giusto? Mi esercitai anche a restare ancorata al qui e ora, praticando la *mindfulness* senza in realtà sapere che cosa fosse. Avevo notato che quando ero concentrata sul presente, non provavo paura o tristezza. Lo yoga mi aiutò quanto il fatto di studiare materie impegnative.

Un anno dopo l'inizio del mio viaggio, ci fu una battuta d'arresto. Alla vigilia del primo anniversario della scomparsa di mio marito – e tra parentesi, Ricardo è morto lo stesso giorno del compleanno di mia sorella, così che per me il 6 marzo è diventato una data agrodolce, un misto di celebrazione e ricordo – mi resi conto di aver creduto che a quel punto avrei smesso di soffrire. Pensavo che se avessi tenuto duro, continuando ad affrontare tutte le ricorrenze di famiglia senza di lui, allo scadere di un anno sarei «riemersa» dalla sofferenza. Ma non funziona così. Non esistono stadi predefiniti nel lutto; ciascuno lo vive secondo i suoi tempi. E nel giorno del primo anniversario, capii che non avrei mai smesso di soffrire per quella perdita, anche se con sfumature, ritmi e intensità diversi. La presa di coscienza fu un colpo durissimo. E tuttavia la accettai, perché avevo deciso di trarre un significato da ciò che mi era accaduto, e di reinventare me stessa e la mia vita. Di scrivere una nuova storia.

Non restava che proseguire il mio cammino, un passo alla volta, avanzando verso l'ignoto. Tempo dopo avrei scoperto che affrontare le cose un passo alla volta, oltre ad altri atteggiamenti che avrei adottato in seguito per costruire la felicità, sono strumenti scientificamente testati per il benessere interiore: «Le persone felici hanno la tendenza a percepire e interpretare il loro ambiente in modo diverso da altre meno felici».[1] Le ricerche dell'esperta della scienza della felicità Sonja Lyubomirsky dimostrano che il nostro

La presa di coscienza fu un colpo durissimo.
E tuttavia la accettai, perché avevo deciso
di trarre un significato da ciò che mi era accaduto,
e di reinventare me stessa e la mia vita.
Di scrivere una nuova storia.

grado di felicità dipende dal nostro modo di inquadrare la realtà, di motivarci e di agire. Sono questi processi interiori ad avere un impatto davvero decisivo sulla nostra felicità, non le circostanze esterne.

Nel mio caso era stata solo un'intuizione; stavo improvvisando, ma d'istinto avevo adottato l'approccio giusto. Lo shock e il trauma del lutto improvviso mi avevano spinta all'azione. Ero motivata a dare un significato a quanto mi era accaduto, e a impegnarmi attivamente verso il mio obiettivo. E scoprire la scienza della felicità mi ha aiutata non soltanto a elaborare il lutto, ma anche a crescere dalla sua esperienza. Quando scoprii che la felicità si può insegnare e apprendere, decisi di dedicare la mia vita alla creazione di una piattaforma che rendesse questa nuova disciplina accessibile a un pubblico globale. Scelsi di creare un lascito di speranza, attraverso il World Happiness Summit.

Suggerimenti pratici

1. Per una settimana, tieni un diario in cui scrivere tre cose che sono andate per il verso giusto durante la settimana, spiegando come ti sei sentito, dove eri e ogni dettaglio dell'evento. Sii il più descrittivo possibile.
2. Fa' scorta di barzellette e buonumore. Usa l'umorismo per farti largo nell'intrico dei pensieri negativi ricorrenti, e trarre un'iniezione di serenità da una risata. Ridere è un potente strumento di benessere interiore, perché rilascia endorfine, ed è anche un grande facilitatore di intesa con gli altri.
3. Prefissati un obiettivo. Va benissimo anche cominciare da qualcosa di molto piccolo. Prendi nota dei successi lungo la strada, e celebrali. Diventa consapevole del tuo stato d'animo a ogni passo del tuo cammino verso il traguardo.

2

NEUROPLASTICITÀ

COME HO RIPROGRAMMATO IL MIO CERVELLO

> *«Visualizza il tuo cervello formare nuove connessioni mentre affronti una sfida e impari cose nuove. Poi continua.»*
> *Carol Dweck*

Come già detto, io ho scoperto la scienza della felicità e del benessere interiore solo dopo la scomparsa improvvisa di mio marito. Due anni dopo quella frattura nella mia vita, venni a conoscenza delle ricerche scientifiche che dimostrano gli effetti positivi degli strumenti che io avevo adottato d'istinto. Non so da dove mi era venuta l'ispirazione, ma fu una sorpresa rendermi conto che, *come per caso*, ero tornata felice. Anzi, nel mio periodo di crescita attraverso la sofferenza, avevo vissuto momenti di enorme gioia, soddisfazione, senso di scopo e presenza mentale.

Devo sottolineare che uso il termine «felicità» nella sua accezione scientifica. I ricercatori definiscono la felicità o il benessere soggettivi come «una valutazione cognitiva e affettiva del soggetto rispetto alla propria vita».[1] Dunque la felicità è qualcosa di più del piacere. Comprende componenti diverse, che a loro volta offrono maggiori opportunità di coltivarla.

Noi non siamo fatti per essere sempre «felici», ma possiamo impegnarci ad agire su aspetti specifici del quotidiano che danno significato alla nostra vita e instillano un senso di realizzazione personale. E io adottai proprio questo approccio. Mi concentrai sugli elementi positivi, impegnandomi con tutte le forze a sviluppare i rapporti interpersonali, la mindfulness, un senso di scopo e di appartenenza più profonda alla comunità. Non potevo controllare gli eventi che mi capitavano dall'esterno, ma avevo imparato che la mia reazione a quegli eventi dipendeva da me. E investii nelle scelte in grado di dare più significato alla mia vita.

Noi non siamo fatti per essere sempre «felici»,
ma possiamo impegnarci ad agire
su aspetti specifici del quotidiano
che danno significato alla nostra vita e
instillano un senso di realizzazione personale.

Che cos'è la felicità? Il dottor Robert Biswas-Diener, ricercatore e coach di psicologia positiva, la definisce come un'esperienza profondamente soggettiva. L'individuo la sperimenta come un senso generale che la sua vita sta andando bene, e ne trae piacere. Gli elementi costitutivi sono di due tipi: emotivi e cognitivi. I primi sono intuitivi: sappiamo tutti che essere felici fa stare bene; mentre la parte *mentale* è legata al coinvolgimento, alle relazioni, al significato e al senso di riuscita.[2] Io credo che sia questo l'ambito più importante per la sostenibilità delle emozioni positive, perché è quello su cui è possibile esercitare il nostro controllo. E l'aspetto prodigioso è che quando cominciai a investire in questi elementi, anche le persone che mi circondavano – i miei figli, i miei amici, la mia famiglia – cominciarono a sentirsi più felici. La felicità è contagiosa. Guarendo me stessa, avevo guarito anche i miei bambini, permettendo che rifiorissero. Beninteso, anche loro sperimentarono il dolore e momenti bui – non c'è verso di aggirarli – ma acquisirono anche una nuova visione di come può essere la vita. Quando non riesci a sentirti felice, concentrati sugli amici, telefona a qualcuno per offrire il tuo aiuto, impara una nuova lingua oppure, semplicemente, muovi il tuo corpo. Non aspettare di averne voglia: fallo subito, e verifica come ti senti dopo. Forse la felicità non arriverà proprio subito, ma nel corso del tempo, attraverso un processo di prova ed errore, potrai scoprire quali di queste e altre opzioni funziona meglio per te.

Se vuoi essere più felice, investi nella ricerca di attività che ti pongono in uno stato di flusso – quella sensazione di essere così concentrati su ciò che stiamo facendo da perdere la cognizione del tempo. Crea, asseconda e coltiva sani rapporti sociali; approfondisci le tue amicizie. Domandati: qual è lo scopo della vita? Quali sono le cose che mi appassionano? In che modo posso contribuire al miglioramento di qualcosa? Noi tutti abbiamo bisogno di una ragione di vita, e tra queste c'è l'aiuto agli altri. Perciò dovremmo sempre investire negli aspetti della nostra vita che ci riempiono di un senso di soddisfazione, così da costruirci un atteggiamento mentale che favorisca la crescita.

Vista in questa prospettiva, la felicità abbraccia un intero spettro di emozioni umane, ed è radicata nella realtà. Sperimentando i molti benefici che derivano dal senso di felicità e benessere, ci rendiamo conto di quanto è importante prestare attenzione ai momenti «belli», e proprio durante i periodi più bui. È un atteggiamento che ci fornisce un reale vantaggio competitivo, e che ha un impatto significativo sulla nostra sopravvivenza. Le ricerche dimostrano che le persone felici vivono più a lungo, hanno sistemi immunitari più forti e guariscono prima dalle malattie; e il loro senso di benessere generale significa che sono più ottimiste, meno vulnerabili ai disturbi cardiovascolari e più resilienti.[3]

Per me, il primo passo per crescere dal trauma è stato cambiare punto di vista, addestrandomi a ricercare il positivo così da dare un significato a ciò che mi era accaduto. Per quattro mesi dopo la morte di mio marito restai in uno stato di shock. Il mondo aveva perso i suoi colori. I suoni mi arrivavano smorzati, come quando stiamo sott'acqua e sentiamo che la gente in superficie sta conversando, ma senza distinguere le parole. Non riuscivo a farmene una ragione. Ho dovuto compiere uno sforzo per convincermi e poi accettare che lui non c'era più, che il modo in cui avevamo costruito la nostra famiglia era una cosa del passato, e che il futuro sarebbe stato completamente diverso. Ho dovuto imparare ad affidarmi all'ignoto, e questa è una cosa che fa paura. A volte ho paura ancora adesso. Per anni ho avuto flashback del reparto di terapia intensiva in cui Ricardo è morto, e dell'équipe di medici e infermieri che cercava di salvarlo. Ho imparato a gestire quei momenti di panico concentrandomi sul respiro, pregando e provando gratitudine per la fortuna di avere avuto un uomo così meraviglioso come padre dei miei figli. Ho dovuto impegnarmi in modo consapevole, decidere intenzionalmente di non cedere all'autocompassione.

Nella vita le cose succedono; è inevitabile. E la morte di Ricardo era una di quelle cose. Dovevo guardare la vita in modo diverso, e ho scelto di farlo. Sapevo di dover cambiare me stessa prima di agire sulle circostanze esterne. Avevo il cuore spezzato, ma ho scelto la felicità perché sapevo che, se non mi fossi impegnata a stare bene, non sarei sopravvissuta. Ho dovuto puntare molto in alto, aspirando a un traguardo che al momento mi sembrava irraggiungibile. E questo mi ha infuso la speranza di cui avevo bisogno.

Dovevo guardare la vita in modo diverso, e ho scelto di farlo. Sapevo di dover cambiare me stessa prima di agire sulle circostanze esterne.

È importante sottolineare che, data l'immensa quantità di informazioni che colpiscono i nostri sensi, noi siamo programmati per essere selettivi, scegliendo di notarne solo alcune e non altre. Ma poi agiamo in funzione di quelle percezioni, perciò è importante sceglierle con saggezza. E in media, le informazioni negative ci restano impresse cinque volte più di quelle positive. Colpa dell'evoluzione. Perché tendiamo a ricordare le cose brutte e fatichiamo tanto a ricordare quelle belle? Be', i nostri cervelli sono programmati per essere sempre vigili sul pericolo, così da permetterci di reagire e sopravvivere. In molti di noi, la combinazione dell'inclinazione umana al negativo, delle esperienze d'infanzia e dei nostri schemi di pensiero ha determinato automatismi mentali e comportamentali controproducenti, che agiscono contro la nostra felicità.

Per natura, io non ero una persona felice, anzi. Ero un tipo piuttosto pessimista, con la tendenza a concentrarmi sul lato negativo delle cose e a prestare pochissima attenzione agli eventi positivi nella mia vita. Quelli li davo per scontati.

Il guaio è che la specie umana vive in questo stato di ipervigilanza fin dai tempi in cui c'era una tigre in agguato dietro ogni cespuglio, pronta a divorarci. Era un atteggiamento molto utile dal punto di vista evolutivo, perché ci permetteva di sopravvivere. Ma la conseguenza di vivere sempre in modalità *combatti o fuggi* è un flusso costante di cortisolo che a lungo andare può minare il nostro organismo. Quando il rischio è reale, questo atteggiamento è sia giustificato sia efficace, perché garantisce la nostra incolumità; ma se lo teniamo anche in ufficio, in famiglia o nel traffico, non soltanto è controproducente: diventa pericoloso a tutti gli effetti. Le nostre reazioni saranno fuori sincrono con la realtà, mentre noi dobbiamo sforzarci di operare il più possibile in base alle circostanze reali. C'è un preconcetto molto diffuso secondo il quale per essere felici bisogna chiudere gli occhi alle avversità della vita, o indorare ciò che accade davvero. Mentre di fatto la felicità consiste nella scelta di vedere gli aspetti *sia* positivi *sia* negativi del quotidiano, e concentrarci su quelli belli. Io ho trasformato me stessa attraverso la ricerca intenzionale del positivo – nella vita, nel prossimo, nelle nuove opportunità – smettendo di vedere soltanto i risvolti negativi. Gli esperti dicono che quando attribuiamo più valore al positivo, il positivo si accresce. Io scelsi di concentrarmi sul fatto che mio marito aveva vissuto, e di attingere alla mia riserva di coraggio interiore, così da prestare ascolto alla parte di me che mi diceva che ce l'avrei fatta. E stando bene io stessa, ho permesso anche ai miei figli di stare bene. Ho cambiato radicalmente visuale.

> Di fatto la felicità consiste nella scelta di vedere gli aspetti *sia* positivi *sia* negativi del quotidiano, e concentrarci su quelli belli.

Per «visuale» intendo il quadro di riferimento con cui interpretiamo le informazioni trasmesse dai nostri sensi. E, data la neuroplasticità – cioè la capacità del cervello di modificare la sua struttura –, noi possiamo davvero cambiare i nostri schemi mentali, cioè il nostro modo di vedere le cose. Possiamo riprogrammare il nostro cervello per adottare modalità di pensiero positive e produttive. Quando l'ho capito, la mia vita è cambiata. O meglio, avevo sì cambiato la mia vita, ma per cominciare ho dovuto cambiare me stessa. Prima di acquisire questa nuova consapevolezza, era come se fossi seduta sulla panchina di una fermata, in attesa che l'«autobus della felicità» venisse a prendermi. La felicità, pensavo, arriverà da fuori. La immaginavo come qualcosa di ben preciso, e del tutto estranea al mio controllo. Ma quando la vita mi sferrò uno dei suoi colpi, facendomi «cascare dalla panchina», mi resi conto che dovevo cambiare prospettiva. Capii che l'«autobus» poteva assumere mille forme e colori diversi, e che a volte dovevo fare uno sforzo, e andare io a raggiungerlo. Cambiando modo di pensare, anche la mia vita ha cominciato a trasformarsi. È iniziato tutto da una presa di coscienza, da un nuovo paradigma, dalla scelta e dall'azione. Detta in poche parole, è questa la via alla felicità.

Un lato sorprendente della nostra programmazione cerebrale è il suo andamento circolare. I comportamenti e i pensieri negativi possono determinare esiti indesiderati o dannosi, che indeboliscono la salute mentale e fisica e abbattono la felicità, confermando lo stato d'animo negativo di partenza. Io mi comportavo così. Se qualcosa non andava per il mio verso, ci ruminavo all'infinito; se qualcuno diceva o faceva qualcosa che mi feriva, non riuscivo più a smettere di pensarci.

Cambiando modo di pensare,
anche la mia vita ha cominciato a trasformarsi.
È iniziato tutto da una presa di coscienza,
da un nuovo paradigma, dalla scelta e dall'azione.
Detta in poche parole, è questa la via alla felicità.

Come se non bastasse, la ricerca ha dimostrato che, nel prendere una decisione, tendiamo a dare più peso agli aspetti negativi di ciò che ci aspetta, rispetto a quelli positivi.[4] Anch'io prendevo tutto sul personale, persino le cose che non mi riguardavano affatto. Ero certa che ciò che temevo sarebbe accaduto davvero, e ripetevo nella mia testa conversazioni che non si sarebbero mai verificate. Era un incredibile spreco di tempo e di energie. Gran parte delle cose di cui abbiamo paura non accadranno mai; e tuttavia, attivando questo circolo vizioso, per noi è come se le stessimo già vivendo.

Ma è vero anche il contrario. I comportamenti che inclinano il nostro cervello al positivo creano circoli virtuosi. Sottolineare il positivo impegnandoci nella gratitudine, riconoscendo alle persone il merito di un successo, o compiendo gesti di gentilezza gratuita, ci fa sentire meglio, e le persone più felici sono più generose e più altruistiche, e questo crea un effetto domino che incrementa la felicità nostra e altrui. Immaginando opportunità di scenari positivi e agendo per renderli possibili, spostiamo l'ago della bilancia verso il tipo di relazioni, organizzazioni, comunità e società che vogliamo vedere nella realtà. È un esercizio mentale che nel mio caso cominciò da una domanda: e se le cose andassero bene? Che aspetto avrebbe la mia vita, in quel caso? Usai la visualizzazione e l'immaginazione per creare un futuro ottimistico: cosa accadrebbe se il mio progetto di business funzionasse e diventassi un'imprenditrice sociale? Se superassi la mia paura di parlare in pubblico e riuscissi a trasmettere ispirazione con le mie conferenze? Cosa accadrebbe se fondassi un movimento che insegna a trovare la felicità nella sofferenza?

Certo, sarebbe fantastico se gli altri potessero renderci felici, o se potessimo comprare quella cosa che abbiamo sempre sognato, o se per essere felici bastasse una promozione sul lavoro, una nuova casa, oppure i successi dei nostri figli. È vero che tutte queste cose ci danno gioia ma, data la nostra struttura biologica, il loro effetto sarà solo transitorio. Gli esseri umani hanno una propensione innata all'adattabilità. Essendo programmati per sopravvivere, siamo capaci di adattarci a pressoché qualsiasi circostanza. La scienza lo chiama «adattamento edonico», cioè la tendenza a tornare allo stato d'animo consueto dopo qualsiasi evento della vita. Dopo un certo periodo di tempo, persino le persone che vincono la lotteria tornano allo stato di partenza.[5] Un nuovo acquisto o una bella esperienza possono procurarci una gioia temporanea, ma non producono una felicità sostenibile. Affinché la felicità duri nel tempo bisogna lavorare su di sé: è un esercizio interiore costante. E la cosa più bella è che le persone davvero felici sono anche empatiche e altruiste. Secondo Seligman, l'altruismo è una delle colonne portanti di un'esistenza appagante e piena di significato: «Noi siamo programmati per sentirci bene attraverso l'altruismo».

Ecco dunque cos'ho imparato: la felicità è un processo; è il risultato della decisione intenzionale di dare significato alla vita, impegnandoci in azioni che con il tempo diventano abitudini, e riprogrammano la «negatività» innata del nostro cervello. E questo a sua volta intensifica il senso di benessere e moltiplica le nuove opportunità di provare emozioni positive. È davvero affascinante scoprire che possiamo «dimostrare» la scienza attraverso le nostre emozioni, sperimentando i comportamenti testati dalla ricerca.

Ben-Shahar, un esperto di felicità e docente di due dei corsi più gettonati nella storia di Harvard, spiega che il perseguimento della felicità è *sia* egoistico *sia* altruistico. Procura vantaggi al singolo, ma al tempo stesso trasmette la sua felicità a tutti coloro che lo circondano. Ho letto da qualche parte che è possibile nascondere il dolore, tenendolo dentro, ma che la felicità non si può nascondere. Per sua natura, esplode verso l'esterno, ed è contagiosa. E l'ho sperimentato io stessa: più diventavo felice e più volevo condividere la mia felicità con gli altri. Organizzare il World Happiness Summit mi ha permesso di comunicare al mondo i risultati della scienza e di condividere la storia della mia esperienza di crescita e del mio viaggio verso la felicità. E questo, a sua volta, mi ha resa più felice e più realizzata, infondendomi più ottimismo, speranza e gratitudine. È un circolo virtuoso che continua a espandersi, e che sostiene nel tempo la mia felicità.

Secondo i ricercatori, noi proviamo felicità o sofferenza attraverso lo stesso canale emotivo. Una grave perdita e un dolore profondo possono espandere quel canale, e se riusciamo a superare il dolore, ne trarremo un enorme vantaggio dall'altro lato. La mia capacità di amare e comprendere il prossimo, di dedicarmi a nuove imprese, di emozionarmi per la mia vita e di avere cura degli altri si è accresciuta in modo esponenziale dopo la morte di mio marito. Io non me l'aspettavo. Però funziona proprio così.

Ecco dunque cos'ho imparato:
la felicità è un processo;
è il risultato della decisione intenzionale
di dare significato alla vita, impegnandoci
in azioni che con il tempo diventano abitudini,
e riprogrammano la «negatività» innata
del nostro cervello.

Suggerimenti pratici

1. Qual è la tua definizione di felicità? Quali aspetti della felicità potresti sviluppare? Scrivi tre motivi per cui questi aspetti contano per te.
2. Che cosa provi fisicamente quando sei in modalità *combatti o fuggi*? Usa questa informazione per allertarti su qualcosa a cui prestare attenzione. Nel leggere i prossimi capitoli, scegli gli strumenti più adatti a sviluppare un piano d'azione per coltivare la tua felicità.
3. Per esercitare l'arte del «cambiamento di prospettiva», guarda il tuo film preferito e cerca di trovare il buono nelle scene più tristi; poi utilizza la stessa strategia nel tuo quotidiano.

3

IMPARARE QUALCOSA DI NUOVO E SINTONIZZARSI CON IL SENSO DI SCOPO

> *«Smetti di avere paura di ciò che potrebbe andare storto e comincia a entusiasmarti per ciò che potrebbe andare bene.»*
> *Anonimo*

Da ragazza, il mio sogno era studiare alla Georgetown University. Essendo nata in Nicaragua, sono cresciuta in un ambiente multiculturale e internazionale, tra persone appassionate di storia e politica, perciò sognavo di laurearmi in affari esteri alla Georgetown. Feci domanda di iscrizione subito dopo il diploma, ma finii in lista di attesa, e infine non venni ammessa. Ci riprovai un anno dopo, e questa volta ottenni il trasferimento. Io e Ricardo – che aveva undici anni più di me – eravamo già fidanzati, e lui si dichiarò pronto a seguirmi a Washington, trovandosi un lavoro come anestesiologo. Mi chiese di sposarlo. Io avevo solo ventun anni, dissi «sì» a lui e «no» alla Georgetown. Non mi credevo capace di essere al tempo stesso una moglie e una studentessa in un'università tanto impegnativa. Non so perché, ma mi sembrava che una scelta escludesse l'altra. Ne ero intimamente convinta, anche se non avevo un motivo razionale o un'esperienza concreta su cui fondare questa certezza. È un esempio di convinzione autolimitante. Noi tutti siamo almeno in parte il prodotto delle nostre culture e della famiglia in cui siamo cresciuti, e sviluppiamo modi di pensare coerenti con questi ambienti; per questo, da adulti, è tanto difficile cambiare prospettiva: perché tale tipo di convinzioni è in larga parte inconsapevole. Ci sembrano naturali e ci vengono spontanee, come il respiro.

Gli schemi mentali che derivano dalle convinzioni autolimitanti ci impoveriscono, perché ci impediscono di vedere le opportunità; percepiamo questi pensieri come verità assolute, mentre di fatto potrebbero essere giudizi sbagliati, e possono restringere il nostro campo di azione. Si stima che gli esseri umani abbiano in media cinquantamila pensieri al giorno e, data la nostra inclinazione naturale, la gran parte di quei pensieri sarà negativa.[1] Potete immaginare quanto sarà distorta la nostra prospettiva sulle cose, se tendiamo a concentrarci perlopiù sul lato negativo. Affinché la nostra immagine della realtà sia affidabile, dobbiamo mettere a fuoco anche ciò che *funziona* nella nostra vita. In questo la mindfulness è di grandissimo aiuto. Imparando a radicarci nel presente, invece di viaggiare di continuo con la mente nel futuro e nel passato, ci rendiamo conto che di fatto, nel qui e ora, non c'è quasi niente che non va. E possiamo prendere decisioni più lucide, non offuscate dall'ansia o dalla paura; comprendere che la vita vera è ciò che sta accadendo in questo preciso momento. Parleremo più in dettaglio della mindfulness in un capitolo successivo, dedicato alla spiritualità e alla sintonia con le nostre convinzioni fondanti.

Gli schemi mentali che derivano dalle convinzioni autolimitanti ci impoveriscono, perché ci impediscono di vedere le opportunità.

Il trauma del mio lutto aveva scosso tutte le mie certezze, e la crescita che sperimentai in seguito mi permise di mettere a fuoco opportunità che prima mi erano sfuggite. Cominciai a sviluppare un diverso modo di pensare, e a formulare pensieri nuovi capaci di creare nuove opportunità. Sottolineo che quelle opportunità non mi «vennero» da fuori: sono stata io a ricercarle, perché le circostanze mi avevano imposto di ampliare la mia visuale. Stavo imparando a pensare a ciò che è possibile. Ero disperatamente infelice e spaventata, ma mi ero posta l'obiettivo della felicità. E avevo deciso di concentrarmi su ciò che potevo controllare (il tema dell'autonomia di azione è ricorrente in questo libro, ed è su questa base che io valuto le mie scelte e il mio comportamento).

Mi resi conto che uno degli aspetti sotto il mio controllo era il mio modo di *inquadrare* gli accadimenti della vita. Non potevo cambiare il fatto che una settimana prima mio marito stesse bene e quella dopo se ne fosse andato, ma potevo trarre un significato da quell'esperienza. Nemmeno lo strazio del lutto poteva togliermi questa capacità. Come ha detto Viktor Frankl, psicologo e superstite della Shoah, «possono toglierci tutto, tranne una cosa: l'ultima delle libertà umane – la libertà di scegliere il nostro atteggiamento rispetto alle circostanze date, decidendo noi stessi come affrontarle». A traghettarmi verso la felicità fu trovare uno scopo.

Era già abbastanza terribile che Ricardo fosse morto; sarebbe stato orribilmente ingiusto e tragico che il suo lascito si riducesse soltanto a quella scomparsa prematura. Scelsi di trasformare il dolore in qualcosa di aperto alla speranza, di efficace e vitale, con WOHASU.

Quando, mesi dopo la morte di mio marito, mi ritrovai a Washington, senza conoscere nessuno e senza sapere che cosa mi aspettasse, i miei famigliari fecero a turno ad accompagnarmi sul posto per le tre settimane di un corso intensivo di analisi aziendale. Al mio primo viaggio in taxi per andare al campus, piansi tutto il tempo. Mi ero resa conto che se stavo andando alla Georgetown, significava che mio marito non c'era più. Poi mi asciugai le lacrime e feci il mio ingresso in classe e nella mia nuova vita. Mi sentivo come una persona che cammina bendata: avanzavo in uno spazio ignoto, senza sapere dove mettere i piedi.

In passato avevo fatto qualche esperienza nel settore delle comunicazioni, ma era stato soprattutto il lavoro di Ricardo a mantenere la famiglia. Adesso dovevo reinventarmi. Allora non sapevo ancora che mi stavo trasformando da dentro. Nessuno ci avverte che la perdita del nostro compagno porta con sé anche la perdita della nostra identità. Prima ero stata una moglie, e di punto in bianco ero sola; prima i miei figli avevano un padre, e adesso non l'avevano più. Ero inerme come un neonato, venuto al mondo in una realtà sconosciuta e ostile, ma con tutte le responsabilità di un adulto.

Non avevo alcuna preparazione in campo economico o finanziario, ma l'intensità stessa della concentrazione necessaria ad affrontare materie per me del tutto nuove, come l'analisi aziendale, cominciò lentamente a trasformarmi. Mi immersi nello studio al punto da riuscire a dare ripetizioni private ai compagni. Fu la mia prima esperienza di mindfulness. Poiché per me erano tanto difficili, a quelle materie dovevo prestare tutta la mia attenzione. In aggiunta, io sono dislessica, quindi devo sempre fare uno sforzo extra per impadronirmi davvero di qualcosa. Volevo riuscire, perché avevo stabilito che quel corso sarebbe stato il primo passo cruciale verso il mio futuro e il mio obiettivo di felicità, quindi non potevo permettermi un fiasco. E il fatto stesso di concentrarmi tanto sullo studio mi dava la possibilità di mettere da parte per un po' il pensiero di ciò che mi era accaduto in passato e dei rischi in agguato nel futuro. Ero pienamente compresa nel qui e ora. Vivevo nel momento presente, ed era una sensazione fantastica. Nessuna paura. Niente ansia.

Con la scomparsa di Ricardo, i miei figli non avevano più un padre, e il mio futuro, pianificato così meticolosamente, attraverso mille conversazioni e concessioni, era sfumato. Noi siamo convinti che la vita ci debba qualcosa e che lo otterremo se riusciamo in questo o facciamo quell'altro. Ci contiamo, recitando una storia nella nostra mente e agganciandoci i nostri sogni. Ci ostiniamo a pensare al futuro, quando – idealmente – le cose andranno meglio, ma in questo modo rimandiamo la vita, perdendoci il presente e dimenticando di godere il qui e ora. Ma in realtà la vita non ci deve proprio niente. Noi siamo il risultato delle nostre scelte, compiute o mancate. E, sì, a volte ci accadono cose terribili, e senza motivo: accadono e basta.

Il viaggio della seconda parte della mia vita era cominciato, e io mi ero incamminata verso il mio traguardo: la felicità.

Fissarsi una meta è un modo efficacissimo per sentirsi motivati nell'immediato e aprirsi alla speranza sul lungo termine. Secondo i ricercatori Edwin A. Locke e Gary P. Latham, gli obiettivi più efficaci hanno alcuni elementi in comune: chiarezza, sfida, impegno, feedback e complessità. In origine la teoria riguardava il rendimento sul posto di lavoro, ma io la adattai alla mia vita. I due ricercatori avevano scoperto che diamo il meglio di noi stessi quando gli obiettivi che ci siamo prefissi presentano queste caratteristiche. Io mi ero posta un obiettivo che soddisfaceva senz'altro i requisiti di sfida e complessità, ed ero impegnata al cento per cento a conseguirlo, perché ne andava del futuro dei miei figli. La chiarezza consistette nella presa di coscienza che imparare qualcosa e incontrare nuove persone avrebbe non soltanto ampliato ma arricchito la mia rete sociale, e dunque incrementato la mia possibilità di essere felice. Non dobbiamo mai dimenticare che il fattore più decisivo della felicità sono i rapporti umani.

Ci ostiniamo a pensare al futuro, quando
– idealmente – le cose andranno meglio,
ma in questo modo rimandiamo la vita,
perdendoci il presente e dimenticando
di godere il qui e ora.

Ogni anno abbiamo 365 opportunità di cominciare qualcosa di nuovo – anzi, di più, perché ogni istante offre l'occasione di cambiare prospettiva, e dunque la nostra vita. Non è facile, però è possibile. Una delle lezioni più importanti che ho appreso è che la vita non è mai facile. Quando l'ho accettata, vivere è diventato molto meno difficile.

Il cambiamento può cominciare da un piccolo passo, come ad esempio svegliarsi un quarto d'ora prima per creare uno spazio dedicato al nostro benessere interiore: in quei quindici minuti possiamo leggere qualche pagina di un libro motivante, scrivere su un diario le cose belle che ci aspettano durante la giornata o di cui siamo grati, fare una passeggiata oppure una breve seduta di meditazione. Per esempio, la pratica del *Metta bhavana*, o meditazione della gentilezza amorevole, può avere benefici significativi su di noi e i nostri rapporti interpersonali. Secondo la prof. Emma Seppälä, alcuni dei suoi benefici comprendono: maggiori emozioni positive e meno emozioni negative; l'alleviamento del dolore cronico e dei sintomi del disturbo da stress post-traumatico; e una maggiore apertura alla sintonia sociale. La ricerca dimostra che questo tipo di meditazione rallenta persino l'invecchiamento.[2]

Tutte queste pratiche sono parte del mio rituale mattutino. Sono comportamenti che imprimono al mio cervello un orientamento favorevole al positivo, e mi permettono di cominciare la giornata con un atteggiamento di ricettività al bello della vita e una migliore capacità di gestire i suoi inciampi.

Al tempo non lo sapevo, ma stavo sviluppando proprio l'impostazione mentale necessaria a mettere a fuoco le opportunità e intravedere nuovi modi di essere. Secondo la docente di Stanford Carol Dweck: «Lo schema mentale più favorevole alla crescita si basa sulla convinzione che le qualità di cui abbiamo bisogno sono il risultato del nostro impegno e dei nostri sforzi». Per converso, uno schema mentale paralizzante si basa sulla credenza che ciascuno di noi nasce in un certo modo, e non può cambiare. Magari crediamo di essere ciò che siamo perché le critiche che abbiamo subito da piccoli ci hanno dato una certa idea di noi stessi – per esempio: «Sono una persona rigida e difficile»; ma poi siamo noi a comportarci così, consolidando l'idea di partenza. Questo tipo di mentalità è limitante, e lascia pochissimo spazio all'emergere di nuove opportunità, mentre acquisire una nuova prospettiva attraverso uno schema mentale orientato alla crescita è liberatorio, perché ci dimostra che le etichette non sono la nostra identità, che vengono da fuori, e che l'impegno permette di acquisire e affinare nuove competenze. Io, per esempio, non mi vedevo come un'imprenditrice. Sapevo ben poco di come si lancia e si gestisce un'attività imprenditoriale; però ero certa di poterlo imparare. Ed è stata questa certezza a renderlo possibile.

Noi siamo nati per crescere. Cresciamo di continuo a livello cellulare; la natura cresce, le stagioni cambiano, la vita è un ciclo infinito di crescita. Perciò è naturale che anche la nostra mente sia destinata a espandersi. Attraverso il fenomeno della neuroplasticità, il nostro cervello può mutare e adattarsi.[3] Forse a scuola ti avevano insegnato che dopo l'infanzia il cervello smette di svilupparsi. Non è vero. In realtà noi creiamo di continuo nuove connessioni neurali in risposta alle esperienze, e per prima cosa dobbiamo renderci conto che è possibile, dobbiamo capire come determinare i cambiamenti che vogliamo, e poi agire in modo da consolidarli. Possiamo migliorare la nostra performance, imparare nuove competenze, e diventare più intelligenti. È tutto parte dello schema mentale della crescita, ed è possibile perché il cervello è malleabile. Io l'ho sperimentato, e puoi farlo anche tu.

Ogni anno abbiamo 365 opportunità
di cominciare qualcosa di nuovo –
anzi, di più, perché ogni istante offre l'occasione
di cambiare prospettiva, e dunque la nostra vita.
Non è facile, però è possibile.

Suggerimenti pratici

1. Comincia la giornata con un elenco di «cose da diventare», non una lista di cose «da fare». Rifletti su ciò che oggi vuoi *essere*. Vuoi rapportarti alle persone con gentilezza, avere un atteggiamento di gratitudine o un cuore generoso?
2. Fissati obiettivi in grado di motivarti. Pianificali. Impegnati a aderire ai principi illustrati nel capitolo. Sii specifico. Invece di dire a te stesso: «In futuro studierò questa materia», stendi un piano dettagliato: «Domattina mi sveglierò alle sette e leggerò per venti minuti». Cerca di conservare l'adesione emotiva al tuo obiettivo.
3. Scrivi un diario sulla persona migliore che potresti diventare in futuro. Elenca tre cose che il tuo obiettivo ti permetterà di conseguire. Libera l'immaginazione e visualizza il raggiungimento del tuo traguardo. Infine, per non rischiare di perdere la motivazione, tieni traccia dei tuoi progressi. Con il tempo, anche le azioni più piccole determinano grandi cambiamenti.
4. Di fronte a un ostacolo, indaga sugli aspetti sotto il tuo controllo. Domandati: in che modo posso affrontare la difficoltà che ho davanti? Esistono azioni utili alla mia portata? Sto reagendo in base a un vecchio schema mentale o a un'esperienza del passato invece che alla situazione reale?

PARTE II

POTENZIAMENTO DELLA FORZA INTERIORE

4

FA' UN BEL RESPIRO

YOGA, STRESS & FORZA INTERIORE

> *«Respira a fondo, per richiamare la mente all'interno del corpo.»*
> *Thich Nhat Hanh*

Il metodo più rapido che ho trovato per recuperare il mio equilibrio interiore è la respirazione consapevole. Il respiro è l'unica funzione autonomica dell'organismo che possiamo controllare. Respirare nel modo giusto genera una quantità incredibile di benefici, e altrettanto enormi sono gli effetti negativi di una respirazione sbagliata.

Io combino gli esercizi di respirazione e di meditazione attraverso la pratica dello yoga. Anche questo è uno strumento che non soltanto ha arricchito la mia vita ma ha potenziato la mia resilienza di fronte alle avversità, e che mi infonde il coraggio necessario ad affrontare le sfide del quotidiano. Per mia grande fortuna, praticavo lo yoga già da quindici anni quando la vita mi sferrò il suo colpo. In quel reparto di terapia intensiva, in mezzo agli allarmi dei monitor, con i medici che si affannavano e di fronte alla perdita imminente di mio marito, cominciai a concentrarmi sul mio respiro. Sono sopravvissuta alla sua morte letteralmente un respiro alla volta. Continuavo a ripetermi: «Respira, respira...». Se non avessi avuto alle spalle tanti anni di pratica, probabilmente non ce l'avrei fatta.

Il respiro ci restituisce al qui e ora, permettendoci di sentire di nuovo la terra sotto i nostri piedi. È terribilmente disorientante sentirci estranei al nostro stesso corpo, ed è proprio questo che accade quando viviamo un trauma. Inspirare a fondo, concentrandoci sul suono e la sensazione dell'aria che passa dal naso, scende nella gola, espande il diaframma e poi riemerge di nuovo, ci radica nel presente: è una tecnica semplicissima ma di grande potenza. Ed è accessibile in qualsiasi momento. Una respirazione superficiale e affannosa incrementa il senso d'ansia, perché imita il respiro tipico della modalità *combatti o fuggi*. La respirazione profonda, invece, segnala al corpo che siamo al sicuro, e permette di inviare più ossigeno alla parte razionale del cervello.[1]

Il respiro ci restituisce al qui e ora, permettendoci di sentire di nuovo la terra sotto i nostri piedi.

Oltre a migliorare le capacità decisionali, la respirazione diaframmatica riduce i livelli di ansia, abbassa la pressione sanguigna e rallenta il battito cardiaco.[2]

Lo yoga è stato una parte importante del mio cammino istintivo verso la felicità. Mia madre lo praticava da tempo, e continuò a insistere finché anch'io mi rassegnai a provarci. Confesso che ero piena di pregiudizi negativi su questa pratica. Mi sono lasciata convincere solo per far contenta mia mamma. Sono sempre stata una persona molto sportiva, e adoro la sensazione che si prova dopo un intenso esercizio fisico. Credevo che per me lo yoga sarebbe stato troppo facile, solo una noiosa perdita di tempo. La prima lezione fu un disastro. Il maestro disse che i principianti come me dovevano iscriversi al corso base. Io però ero certa di essere in ottima forma, perciò non gli diedi retta. Ti faccio vedere io chi è, il principiante, pensai. Con mia enorme mortificazione, scoprii che non riuscivo proprio a tenere il passo con gli altri; non ero abbastanza flessibile, non sapevo neanche respirare come si deve. Odiai ogni minuto di quella lezione, e ne uscii con un tremendo mal di testa. Dopo quel primo impatto, decisi di frequentare altre tre lezioni: se la situazione si fosse ripresentata uguale, avrei accantonato lo yoga per sempre. In segreto speravo proprio che andasse così, per non dare ragione a mia madre. Ma ormai avevo preso un impegno con me stessa, e dovevo mantenerlo. Tornai alla *shala*, e questa volta mi iscrissi alle lezioni di prova per principianti. Avevo adottato l'umiltà necessaria a imparare, e con il tempo sviluppai la giusta respirazione, e mi innamorai della pratica. Grazie, mamma! Lo yoga mi ha insegnato a conservare l'equilibrio, fisico ed emotivo. Un altro strumento nella mia cassetta degli attrezzi per coltivare il benessere interiore.

Secondo i National Institutes of Health americani, lo yoga favorisce la corretta gestione dello stress, la salute e la presenza mentale, un'alimentazione più sana, la perdita del peso superfluo e la qualità del sonno. Ogni mattina io eseguo almeno un Saluto al sole e una serie delle posture del Guerriero, per trarre tutti i benefici della respirazione profonda (o diaframmatica), ricentrare il pensiero sul momento presente, impegnare il mio corpo in esercizi intensi e aprire il cuore alla compassione. Prima di cominciare la pratica non mi rendevo conto di respirare nel modo sbagliato. Non sapevo neanche che ne esistesse uno giusto – inspirare dal naso, portare l'aria fino allo stomaco, lasciare che il diaframma si contragga e la pancia si espanda, riempiendo d'aria i polmoni. Adesso faccio i miei esercizi di respirazione prima di ogni conferenza o di una conversazione difficile. È una pratica che mi tranquillizza, sgomberando la mia mente dai pensieri superflui e aprendomi alla possibilità di comunicare meglio il mio messaggio, senza l'intralcio delle emozioni del momento e senza scattare sulla difensiva se il mio interlocutore non reagisce nel modo sperato.

Quando affrontiamo una sfida – fisica, mentale o emotiva – il nostro organismo attiva la modalità di stress, nota come reazione *combatti o fuggi*. Lo stress è un'esperienza quotidiana: è lui a farci alzare dal letto ogni mattina. Ne esistono due tipi principali: *eustress* e *distress*.[3] Il primo è lo «stress buono», che contribuisce alla motivazione, alla concentrazione e all'energia; è lo stress che ci permette di prestare più attenzione quando guidiamo di notte lungo una strada poco illuminata. Ci dà la spinta necessaria a superare un ostacolo, è gestibile e utilissimo quando la situazione lo giustifica. Lo stress «cattivo» (*distress*) ottiene il risultato opposto: intralcia la concentrazione, indebolisce la motivazione e prosciuga le energie. Ci fa sentire ansiosi, dubbiosi e angosciati; e quando è acuto o cronico, e accompagnato da abitudini di vita malsane (il fumo, l'eccesso di cibo o di alcol, la sedentarietà), può addirittura farci ammalare.

Un aspetto interessante dello stress è che spesso è il nostro modo di vederlo a fare la differenza, non l'esperienza stessa. È un altro esempio del controllo che possiamo esercitare sulla nostra vita. Io ho deciso di affrontare lo stress come una sfida. Quando mi sento stressata, mi chiedo: «C'è qualcosa che posso imparare da questa esperienza o situazione?». Può trattarsi di una scoperta semplicissima – per esempio rendermi conto che la mia fonte di stress in realtà è una fonte di motivazione sotto mentite spoglie. Forse quello che ho davanti non è un ostacolo ma un catalizzatore di cambiamento che potrebbe aiutarmi a raggiungere i miei obiettivi. Ad esempio, quando comincio ad angosciarmi su tutte le cose che dovrò fare per la buona riuscita di un evento internazionale, con ospiti venuti da ogni parte del mondo, mi è molto utile scomporre il processo in singole attività, e vedere ciascuna come un passo che mi porterà più vicina a realizzare la mia missione. Ho impiegato mesi a sviluppare questa capacità, ma il cambio di prospettiva ha trasformato il mio stress in un'importante spinta motivazionale. Visto in quest'ottica, lo stress è il segnale che qualcosa ci appassiona davvero, è uno strumento di crescita, e prepara la nostra mente e il nostro corpo a un compito importante.[4]

Un altro aspetto importante è il fatto che a volte non è lo stress in sé a danneggiarci, ma la mancanza di tempi di recupero. Pensa a tutte le volte che hai saltato un pasto o un'ora di palestra con la scusa di non avere tempo, o hai passato una notte in bianco per rispettare una scadenza di lavoro. A lungo andare, queste «scorciatoie» hanno effetti molto controproducenti sulla nostra salute e il nostro benessere. La vita smette di essere una bella passeggiata per tramutarsi in un devastante percorso a ostacoli.

Spetta a noi decidere di mettere da parte il tempo necessario al recupero, con pause nel corso di una giornata, di una settimana o di un anno. Intrecciare quelle pause alla nostra quotidianità può prevenire lo stress cronico. Attivando momenti di recupero (micro, medio o macro), facciamo il pieno di energia ed evitiamo il rischio di un esaurimento. A volte ci sentiamo schiacciati dalle difficoltà della vita, e le emozioni più intense arrivano a ondate; per questo è tanto importante ritagliarsi momenti di riposo e ripresa nei periodi difficili. La respirazione profonda, il movimento fisico e la presenza mentale sono esempi di microrilassamento in grado di contrastare gli effetti dello stress «cattivo». Il recupero di livello medio comprende un'alimentazione sana, l'esercizio fisico e il sonno. Le vacanze sono esempi di macrorecupero in grado di promuovere la salute e il rendimento.[5]

A volte ci sentiamo schiacciati dalle difficoltà della vita, e le emozioni più intense arrivano a ondate; per questo è tanto importante ritagliarsi momenti di riposo e ripresa nei periodi difficili.

Gestire lo stress e prenderci cura della nostra salute sono passi significativi verso la felicità. Esiste anche un'altra pratica che, in base alle ricerche, incrementa la felicità, la motivazione e il senso di scopo: identificare e utilizzare i nostri punti di forza.[6] La scienza ha dimostrato l'efficacia di controbilanciare le nostre debolezze con il ricorso ai nostri punti di forza. I punti di forza sono le nostre capacità innate – mentali, emotive e comportamentali.[7] Queste sono la combinazione dei nostri talenti naturali e delle competenze che abbiamo acquisito nel corso della vita.[8] Identificarli può potenziare il nostro successo personale e professionale.[9] Io ho imparato a adottare un approccio alla vita basato sui miei punti di forza, e questo mi ha aiutata molto a rafforzare la mia autostima. Tutti abbiamo talenti e risorse personali, ed è la loro combinazione specifica a renderci così meravigliosamente unici.

Attraverso un'introspezione che porti a galla gli aspetti migliori di noi stessi, e un'azione che li metta a frutto, avvertiamo un senso di maggiore autonomia e controllo sulla nostra quotidianità, e questo a sua volta favorisce i comportamenti orientati a un obiettivo. A quel punto la vita smette di essere qualcosa che accade da fuori. A partire dalla prospettiva dei punti di forza, possiamo pianificarla, e attingere alla motivazione necessaria al conseguimento dei nostri obiettivi.

Esistono vari modi di identificare i tuoi punti di forza. Per esempio, rispondendo alle domande che trovi alla fine di questo capitolo, oppure riflettendo sui momenti in cui avevi raggiunto uno stato di flusso cioè la condizione mentale in cui perdiamo ogni cognizione del tempo, in cui le nostre capacità sono all'altezza della difficoltà del compito, e il fatto stesso di svolgerlo ci infonde piacere.[10] In altre parole, siamo completamente immersi nella nostra attività e pienamente motivati. Ripensa alle situazioni in cui ti sei sentito così, e prendi nota degli aspetti di te che più hanno brillato nell'impresa. Un altro metodo consiste nel rivolgerci a una persona che ci conosce a fondo. Chiedi a un amico fidato in cosa, secondo lui o lei, riesci meglio. Potresti scoprire aspetti di te di cui eri all'oscuro.

Noi tutti abbiamo la possibilità di scegliere tra un ampio ventaglio di professioni e occupazioni diverse. Un altro modo di coltivare la felicità è scegliere un lavoro che ci permetta di sfruttare e affinare i nostri talenti. Io avrei potuto decidere di lavorare nel campo della finanza o della tecnologia, ma non sono granché portata per l'una o l'altra, perciò ho preferito dedicarmi all'imprenditoria, decidendo di creare un'attività che favorisce i miei punti di forza: il coraggio, la curiosità, la creatività e l'amore. In questo modo posso realizzare i miei obiettivi lavorando in uno stato di flusso che potenzia la mia produttività, la mia spinta motivazionale e le mie energie creative. Portando in luce e attivando i nostri punti di forza, non soltanto potremo sperimentare più momenti di flusso, ma diventare anche la versione migliore di noi stessi.

Suggerimenti pratici

1. Invece di sforzarti di reprimere lo stress, impegnati a identificarne la tipologia. Che cosa ti dicono le sensazioni che provi? Sii consapevole del tuo stress, perché è il segnale che hai di fronte qualcosa che per te conta molto. Indaga sulla possibilità di inquadrare la tua reazione da stress come una possibile spinta utile alla performance.
2. Rifletti sulla vita che vorresti avere, ed escogita un piano per realizzarla. Quali ambiti di benessere potresti migliorare o richiedono un impegno aggiuntivo? Quali competenze dovresti imparare? Quali punti di forza vorresti sviluppare? Cerca un questionario online per tracciare il tuo profilo, per esempio: Via Character Strengths Survey https://www.viacharacter.org/ e Strength Profile https://strengthsprofile.com.
3. Ripensa ai momenti in cui hai raggiunto uno stato di flusso. Che cosa stavi facendo? Eri da solo o in un gruppo? Quali elementi ti hanno permesso di immergerti appieno nel tuo compito? Stendi un piano per creare nuove opportunità di flusso.

5

RESTARE IN MOVIMENTO

> *«Ciascuno si incammina sulla via del benessere interiore a modo suo, ma per tutti la strada comincia entrando in una sintonia significativa con la nostra mente e il nostro corpo.»*
> *Lakshmi Menezes*

Camminare con il lutto sulle spalle è dura. Sedersi con il suo peso addosso è anche peggio. Io preferisco l'azione. Come farmi una ragione del fatto che mio marito – un uomo grande e grosso e pieno di energia – era morto d'influenza nel giro di dieci giorni? Non c'è verso di superare la perdita dell'amore della tua vita. Impari a convivere con la mancanza, perché soffermarti è troppo doloroso. Tutti noi abbiamo sperimentato momenti terribili nella vita, e ci vuole coraggio per staccarsi. I veri eroi scelgono la vita, ma questo è possibile solo dopo avere accettato il fatto che tutte le nostre lacrime non possono cambiare il passato.

La crescita richiede movimento, che può essere fisico o mentale. Servono entrambi, e i due tipi di movimento sono interconnessi, attraverso il collegamento mente-corpo. La mente interagisce con il corpo e il corpo interagisce con la mente, fornendo un feedback costante capace di determinare effetti positivi o negativi.

La crescita richiede movimento, che può essere fisico o mentale. Servono entrambi, e i due tipi di movimento sono interconnessi, attraverso il collegamento mente-corpo.

Uno dei pilastri della felicità è il benessere fisico. Io cerco di ricordarlo sempre, soprattutto quando sono piena di impegni e non mi resta molto tempo libero. Il mio lavoro è un susseguirsi di riunioni, viaggi e scrittura, e a volte lascia pochissimo spazio per l'esercizio e per ascoltare i segnali inviati dal mio corpo. Per contrastare questa tendenza, pratico dieci minuti di yoga ogni mattina, prima di iniziare la mia giornata. Il nostro modo di muoverci e la nostra postura incidono sullo stato d'animo. A volte possiamo cambiare atteggiamento mentale semplicemente cambiando posizione.

E lo yoga è un modo fantastico di riattivare il corpo, attraverso una combinazione di posture impegnative e respirazione profonda. Il paradosso è che il mio bisogno di esercizio fisico è più forte nei periodi di intensa attività lavorativa, gli stessi in cui tendo a trascurarlo. È un vizio che sto cercando di correggere. Per esempio, se devo scrivere un testo molto lungo, mi impongo di alzarmi dalla scrivania ogni due ore e di uscire per una passeggiata. Basta un giro intorno all'isolato a ridarmi la carica e la concentrazione. E fare esercizio all'aria aperta raddoppia i benefici, perché trovarsi in un ambiente naturale incrementa le emozioni positive quanto l'attività fisica.[1]

Ma di fatto vale qualsiasi cosa: mettere un po' di musica e ballare nel tuo salotto è efficace quanto andare a correre.

Quando divento troppo sedentaria o trascuro l'esercizio fisico, io mi accorgo della differenza: il mio umore e il mio livello di energia ne soffrono. Questo perché il movimento determina veri e propri cambiamenti biologici nel nostro organismo. Stimola il rilascio dei neurotrasmettitori del benessere, le endorfine; abbatte i livelli di cortisolo; migliora la salute del cervello; aiuta a tenere sotto controllo il peso; riduce il rischio di malattie; rinforza le ossa e i muscoli.[2]

In sostanza stiamo delegando alla biologia la parte di manovalanza, lasciandole il compito di risollevarci l'umore in modo naturale. Quindi, se vuoi sentirti più felice, l'esercizio fisico è un must.

Anche il movimento mentale è di grande importanza per coltivare la felicità. Intendo con questa espressione la pratica del pensiero flessibile e l'adozione di uno schema mentale di crescita. Io mi resi conto dei benefici del movimento quando cominciai a fare la spola tra Miami e Washington. Andavo avanti e indietro ogni settimana. Fisicamente ero in moto perpetuo – saltando su un aereo, visitando una nuova città e incontrando persone diverse – ma stavo anche spostando il focus dell'attenzione da ciò che avevo perso a ciò che potevo acquisire.

Era tutto nuovo. In che modo potevo proteggere i miei bambini dall'impatto della «situazione», e creare la vita migliore possibile per tutti e tre? E che cos'era poi questa «vita migliore»? Ho dovuto imparare una quantità di cose nuove, perché la vita che conoscevo prima non c'era più. Non so dirti quante volte ho pensato: Ma cosa sto facendo? Dove sto andando? La risposta? Non avevo idea di cosa diamine stessi facendo, ma sapevo che con il tempo l'avrei capito. E la mia meta era la felicità. Ma dove si trova la felicità, di preciso?

È importante non lasciarci intrappolare dai nostri pensieri – negativi, superflui, o peggio, tossici. Abbiamo tutti pensieri che sfuggono al nostro controllo. Quando perdiamo qualcosa – una persona, un lavoro, un'occasione, una casa – è facile restare impantanati nel lutto, nella nostalgia, nel rimorso o nei ripensamenti, soprattutto il più atroce di tutti: «Se solo...». Quel pensiero ricorrente è un gioco perverso del nostro cervello, un canto di sirena che cerca di irretirci. È una tentazione che si basa su un falso senso di controllo, l'illusione di poter cambiare il passato.

È importante non lasciarci intrappolare dai nostri pensieri - negativi, superflui, o peggio, tossici. Abbiamo tutti pensieri che sfuggono al nostro controllo.

Anch'io ho ballato con i lupi dei «se», restandoci invischiata a fasi alterne per almeno due anni. Il mio pensiero ricorrente era: «Forse, se avessi portato Ricardo in un altro ospedale...». Da pensieri simili non viene mai niente di buono. Per cominciare, ormai era impossibile portare mio marito in un altro ospedale, perciò a che scopo continuare a rimuginarci? E in secondo luogo, quel tarlo acuiva la mia sofferenza. Pensarci era inutile, perché tanto non potevo tornare indietro.

A volte possiamo intervenire su ciò che ci fa stare male, e in quel caso la nostra sofferenza mentale può rivelarsi proficua. Una giusta dose di ansia, per esempio, può risultare estremamente efficace come stimolo a rispettare una scadenza: ci sentiamo a disagio, certo, siamo nervosi e magari non riusciamo a dormire; però sentiamo anche l'urgenza di agire, e questo ci permette di consegnare un lavoro per tempo o di non perdere un aereo. Ma nel mio caso, il pensiero dell'ospedale non poteva cambiare niente; serviva solo a moltiplicare i rimpianti. Così ho deciso di lasciarmelo indietro; quando tornava ad assillarmi, spostavo di nuovo il focus dell'attenzione, e ho continuato a «muovermi» in questo modo fino ad accantonarlo del tutto.

La nostra mente vaga per natura, perciò pensieri come questo vanno e vengono di continuo; sono come onde che si frangono su una spiaggia, e non possiamo fare niente per fermarli. Anzi, è malsano cercare di bloccarli. Al tempo stesso, però, dobbiamo evitare che la marea ci travolga. Un modo per riuscirci è considerarli come una semplice fonte di informazioni. Ad esempio, io ho reinterpretato il pensiero dell'ospedale come un promemoria che non posso intervenire sul passato, e che provarci è controproducente per il mio benessere nel presente.

I pensieri sono come onde che si frangono su una spiaggia, e non possiamo fare niente per fermarli. Anzi, è malsano cercare di bloccarli. Al tempo stesso, però, dobbiamo evitare che la marea ci travolga.

Il ricorrere dei pensieri negativi è come una pozza lasciata sulla spiaggia dall'alta marea: se il mare non torna ad alimentarla, quell'acqua diventa stagnante. Ma una nuova ondata la rianima e porta nuova vita. Esercitando il pensiero fluido, cioè lasciando che le idee scorrano nella mente senza aggrapparci a quelle fisse, creiamo spazio per nuovi pensieri. Ci stiamo «muovendo» mentalmente così come facciamo con il corpo. Non dico che sia facile. Anzi, può essere difficilissimo, perché la paura, l'ansia e la solitudine hanno il potere di paralizzarci, sia fisicamente sia mentalmente. A volte restiamo seduti con le nostre emozioni, e non è un problema, ma dobbiamo anche sapere quand'è il momento di alzarci. Ricorda che quando siamo tristi, l'ultima cosa che vorremmo è uscire di casa, ballare, fare esercizio, praticare la gratitudine e la positività. Io ci sono passata. Ma ho imparato che non bisogna aspettare di averne voglia: tutte queste cose dobbiamo farle comunque, come una disciplina. Noi non ci fermiamo a ragionare sui benefici di lavarsi i denti; non perdiamo tempo a rimuginarci. Vogliamo denti forti, gengive sane e un alito profumato, perciò lo facciamo e basta. A me succede ancora di sentirmi triste, ma ogni volta il movimento mi fa stare meglio. Ho acquisito una nuova prospettiva.

Ecco un altro esempio di movimento mentale: quando tornai dall'ospedale in cui era morto Ricardo, subito dopo avere abbracciato i miei figli, andai nel nostro bagno e buttai via lo spazzolino da denti e la schiuma da barba di mio marito. Dovevo riorientare la mente, indurla a spostarsi dal pensiero: «È vivo» al dato di fatto: «Non tornerà più». Potrà sembrare un gesto estremo o prematuro, ma io ero legatissima all'idea di me stessa come sua moglie, e sapevo d'istinto di dovermi convincere subito che lui non c'era più per trovare la forza di affrontare una nuova realtà. Immagino che in molti abbiano provato qualcosa di simile alla fine di una relazione, dopo una separazione o un'altra forma di lutto. Il cambiamento di identità imposto da una perdita è una fatica terribile, e può avere un impatto enorme. Ciascuno di noi vive il lutto a suo modo, e nella mia esperienza non esistono fasi o stadi predeterminati. C'è solo un gran groviglio di emozioni, pensieri e decisioni difficili. Il tempo li lenisce, ma *quanto* tempo debba passare è del tutto soggettivo. Tuttavia, in ogni istante di quel processo, possiamo scegliere di concentrare la mente sulle cose belle del passato, sugli aspetti modificabili del presente e su quelli pianificabili nel futuro. Mio marito, che era un medico, diceva sempre: «A volte per guarire serve la pozione del tempo».

Il cambiamento di identità imposto da una perdita
è una fatica terribile, e può avere
un impatto enorme. Ciascuno di noi vive il lutto
a suo modo, e nella mia esperienza
non esistono fasi o stadi predeterminati.

Le ricerche sulla memoria insegnano che a restare impressi nei ricordi sono gli elementi di spicco delle esperienze vissute.[3] Per esempio, ripensando a una vacanza di due settimane, non ne ricorderemo ogni singolo minuto. Il nostro cervello ama l'efficienza, perciò elimina l'ingombro delle informazioni superflue per registrare invece i momenti salienti, belli o brutti, e quelli conclusivi. Ovviamente, la perdita di mio marito è stata eccome un'esperienza saliente – non bella ma senz'altro di spicco. Il lato positivo di questo meccanismo è che la crescita post-traumatica offre l'occasione di un reset. In passato io mi preoccupavo molto di certe cose. Mi chiedevo di continuo: «Ho messo l'abito giusto?», «Ho detto la cosa giusta?», «La mia presentazione è andata bene? Ho dimenticato due parole. Sarà piaciuta lo stesso al cliente?». Sono pensieri che ho ancora, ma non sono più un tormento: ho imparato a lasciarli andare, senza attribuire loro troppa importanza. Ora li considero dettagli irrilevanti, che non meritano la mia energia.

In altre parole, sono diventata più resiliente. Come tutti, anch'io a volte cedo ai rimpianti, ma mi sono esercitata nel «movimento mentale». Adesso mi è più facile spostare l'attenzione, evitando di lasciarmi invischiare da certi assilli. Ho capito che sono trappole mentali capaci di prosciugare la felicità e di annebbiarmi la mente. Quando mi spuntano nella testa, dico a me stessa: «Okay, puoi lasciarli andare oppure indugiare», ma nella consapevolezza che certi pensieri sono come lo zucchero: calorie vuote per il metabolismo della mente. Perciò, per evitare che la appesantiscano, mi fisso un limite di tempo: mi concedo cinque minuti in cui rimuginare o commiserarmi, poi passo ad altro. Non reprimo le mie emozioni; scelgo su quali concentrare le mie energie, le mie azioni e i miei pensieri. Di fronte a una preoccupazione assillante, mi domando: «C'è qualcosa che posso fare, un aspetto della situazione sotto il mio controllo?». Ho imparato a rallentare i pensieri, per prendere coscienza delle alternative a mia disposizione; in questo modo posso scegliere i comportamenti più utili, gli atteggiamenti che mi portano più vicina ai miei obiettivi e alla persona che voglio essere.

Sia chiaro, non si tratta di un processo lineare. È un cammino pieno di buche, inciampi e deviazioni, ma va bene così. Ciò che conta è che stiamo salendo la scala della felicità – lavorando per il conseguimento dei nostri obiettivi, investendo nei nostri rapporti sociali, e godendo del viaggio. Ci saranno battute d'arresto – alcune causate da noi stessi, altre fuori dal nostro controllo e dovute alle circostanze della vita. Io ho accettato il rischio di innamorarmi di nuovo, e ne sono uscita con il cuore a pezzi. Ma se restiamo presenti nel momento, e utilizziamo gli strumenti che si sono dimostrati più utili, ci rendiamo conto che in fondo siamo ancora interi, e troviamo la strada giusta per riprendere il cammino, e diventare più felici.

Io sono ancora in divenire, ma oggi so dove si trova la felicità. È dentro di noi. Comincia nell'interiorità di ciascuno, e si trasmette a tutti gli altri.

Non reprimo le mie emozioni;
scelgo su quali concentrare le mie energie,
le mie azioni e i miei pensieri.

Suggerimenti pratici

1. Cerca di intrattenere un rapporto sano con le tue preoccupazioni, e di conservare il senso delle proporzioni. Ricorda di ricercare il «buono» che è presente ogni giorno. Parlane e scrivine nel tuo diario, imparando a concentrare l'attenzione su ciò che sta andando per il verso giusto.
2. Metti la tua musica preferita e danza. Se lavori da casa, programma un timer che a intervalli regolari ti ricordi di uscire per una passeggiata. Stare all'aperto e nella natura dà grandi benefici.
3. Prendi coscienza degli eventi che scatenano il circolo vizioso dei pensieri negativi. Riesci a prevederli? Scrivi due tecniche per contrastarli.

6

LASCIARE ANDARE IL DOLORE E FARE SPAZIO ALLA CRESCITA

> *«Quando ottundi il dolore, ottundi anche la gioia.»*
> *Brené Brown*

La felicità ha bisogno di spazio per crescere.

Nella vita di tutti capitano momenti in cui sentiamo il bisogno di qualcosa di nuovo, o l'istinto di evolvere. Affinché sia possibile, dobbiamo lasciare andare il vecchio. Nel mio caso, il processo è cominciato un anno dopo la morte di Ricardo. Mi trovavo all'università con un gruppo di compagni, e qualcuno raccontò una barzelletta. Una storiella esilarante. Io però non risi. Il mio stato d'animo era di distacco e giudizio. Mi analizzavo da fuori, chiedendomi se ridere fosse lecito, per una vedova. E in quel momento, ci fu la folgorazione: era già terribile che mio marito fosse morto; era proprio necessario che fosse triste anche tutto il resto? Certo, quando attraversiamo un momento difficile, è importante non sminuire le nostre emozioni. Però dobbiamo anche accettare quelle positive. Nella nostra mente e nel nostro cuore, dobbiamo fare spazio alla possibilità di sentirci felici – non una felicità forzata, ma naturale. Ciò non significa che stiamo negando le emozioni dolorose, ma che ci stiamo aprendo a tutto lo spettro delle emozioni umane – compresa la voglia di ridere di una vedova. Non bisogna avere paura della felicità e, se possibile, nemmeno della tristezza. La vita le abbraccia entrambe, e noi possiamo fare molto per incrementare la felicità, nostra e altrui. Cominciando con il farle spazio.

Le esperienze difficili lasciano cicatrici, ma dobbiamo ricordare che rappresentano soltanto una *parte* della nostra vita, non il suo intero. Dopo il mio lutto, ho notato che alcune persone – amici compresi – davano per scontato che dovessi comportarmi in un certo modo. Tipicamente quei giudizi venivano da persone che non avevano vissuto un'esperienza simile alla mia, ma avevano nei miei confronti aspettative basate sulle loro convinzioni autolimitanti.

Se stai attraversando un periodo difficile, è possibile che alcune persone della tua cerchia ti trattino in modo diverso. In genere non lo fanno per ferirti: hanno solo adottato un atteggiamento conforme ai loro schemi mentali, o magari hanno paura di prendere loro stesse coscienza delle emozioni suscitate da quanto è accaduto. Spesso, sono piene di buone intenzioni, ma ti guardano attraverso una lente preconfezionata. Da te si aspettano reazioni prevedibili, perché per loro sarà più rassicurante poterti incasellare in un paradigma conosciuto. Ma non significa che tu debba adeguarti. In certi momenti è come se la nostra vita avesse deragliato, e noi facciamo fatica a tenere il passo con il «branco». Per guarire, dobbiamo andare nella direzione opposta: stare con persone che rafforzano il nostro senso di appartenenza, e che ci accettano in modo incondizionato.

Persone capaci di vedere chi siamo, non soltanto ciò che ci è capitato. Dopo un'esperienza traumatica, abbiamo un bisogno disperato di tornare alla normalità, perciò è particolarmente importante non sentirci giudicati – dagli altri o da noi stessi. Dobbiamo prenderci il tempo necessario a elaborare la situazione e ad accettare i cambiamenti che può aver prodotto dentro di noi.

Non siamo tenuti a conformarci allo stampo deciso dagli altri. Non siamo obbligati a soffrire per forza. Così come non dobbiamo reprimere la tristezza, allo stesso modo non dovremmo reprimere la gioia. Se sorridiamo, indossiamo un abito rosso o usciamo a cena con gli amici, non significa che abbiamo dimenticato la nostra perdita. Continueremo a soffrirne per tutto il tempo che sarà necessario. Magari per il resto dei nostri giorni – ma imparando a conviverci, in modi che non intralcino il nostro benessere e che potrebbero persino offrirci opportunità di crescita.

Una delle cose più importanti per ritrovare la felicità è aprirsi a tutte le emozioni, comprese quelle «negative», come la sofferenza, la delusione, la rabbia e il lutto. Nel contesto giusto, anche questi sentimenti possono addirittura rivelarsi utili. In base al modello di espansione-costruzione, teorizzato da Barbara Fredrickson, le emozioni negative hanno un risvolto prezioso, perché ci permettono di focalizzare al massimo l'attenzione e di adottare azioni specifiche.[1] Poniamo che tu voglia mettere fine a una relazione tossica, sentimentale o professionale. È una decisione difficile, ma le emozioni negative che ti suscita possono aiutarti a concentrare la mente su come e quando andartene, e quali misure approntare per tutelare la tua salute e il tuo benessere. Negando quelle emozioni otterremmo solo di intensificarle. Se imbottigliamo il dolore, gli diamo forza. Mettiamola così: se ti dico di NON pensare a un elefante rosa, che cosa succede? Subito nel tuo cervello spunta l'immagine di un elefante rosa. Con le emozioni funziona nello stesso modo. Il segreto è non restarci invischiati.

È anche importante sapere che il fatto di provare qualcosa non significa che dobbiamo agire di conseguenza. In sé, un'emozione è un'emozione, non è né *giusta* né *sbagliata*. È l'azione a determinare conseguenze positive o deleterie, per noi e per gli altri. Possiamo prendere coscienza delle nostre emozioni e poi lasciarle andare. Non siamo tenuti ad agire nel concreto. Possiamo scegliere di indugiare su quelle che forniscono informazioni utili oppure generano un senso di benessere, di armonia, di appagamento, di significato, di gratitudine o di gioia.

In sé, un'emozione è un'emozione,
non è né *giusta* né *sbagliata*.
È l'azione a determinare conseguenze positive
o deleterie, per noi e per gli altri.

Per creare un ambiente favorevole alla felicità dobbiamo imparare a liberarci dei pensieri, delle convinzioni e delle emozioni controproducenti. È importante concederci di provare tutte le emozioni, ed è altrettanto importante scegliere di lasciarne andare alcune.

Io ho dovuto impararlo. Il primo passo è stato decidere che lo volevo. Se non abbiamo identificato con chiarezza di quali emozioni vogliamo liberarci, sarà dura riuscirci.

Decidere di lasciarmi indietro la vita che conoscevo da oltre due decenni per crearmi una nuova identità ha richiesto un coraggio che non sapevo di avere. Mi sentivo estremamente fragile, ma ho conservato una mente aperta – non molto, all'inizio, ma sempre di più a mano a mano che agivo. Scegliendo l'azione mi sono permessa di evolvere. Concentrandomi sui pensieri coerenti con i miei valori e il mio scopo, ho cominciato a intravedere una via d'uscita. E ho fatto tutto da sola. In passato sarei mai riuscita a conseguire un altro master, a fondare un'azienda e a lanciare un movimento? Non credo proprio. A ripensarci adesso, mi sembra rischioso cambiare completamente vita, carriera, casa e identità. Eppure in quel momento io non avevo paura, perché sapevo di dover passare oltre.

È dura lasciare andare il dolore e le altre emozioni, perché a volte sono come una vecchia coperta: siamo abituati ad averla addosso, e il suo stesso peso ci dà conforto. Ma si paga un prezzo a restare attaccati a certi sentimenti, perché possono privarci delle nostre energie e impoverire la nostra vita, occupando uno spazio che invece va sgomberato, affinché la felicità possa mettere radici.

Per me, il dolore era diventato un succedaneo della presenza di Ricardo. Proprio per questo dovevo lasciarlo andare. Temevo che smettere di soffrire equivalesse a dimenticare mio marito. A volte siamo noi stessi a riaprire le ferite, continuando a rimestare ricordi dolorosi per tenerci «vicina» la persona che abbiamo perso. Mentre è stato proprio lasciando andare il dolore che Ricardo è diventato parte della mia vita in modo nuovo. Oggi faccio cose che lui apprezzerebbe, e questo mi dà piacere, perché mi permette di ricordarlo ma, finalmente, con un sorriso. Per esempio, lui non se n'era mai lamentato apertamente, però lo faceva ammattire il mio vizio di lasciare i piatti sporchi nel lavandino. Non diceva niente, si limitava a lavarli lui, il che mi faceva irritare perché mi sentivo in colpa. Adesso li lavo subito dopo mangiato e, quando lo faccio, penso a Ricardo. E metto sempre il rotolo della carta igienica nello stesso verso in cui lo metteva lui. E quando lo vedo, sorrido. Sono piccoli gesti, ma mi offrono l'occasione di un ricordo privato, intessuto alla mia quotidianità, e mi rendono felice.

Praticare l'agilità mentale è un altro modo per creare spazio tra me e i miei pensieri. Le rivoluzionarie ricerche di Susan David, una psicologa di Harvard, dimostrano che il nostro modo di vedere i nostri pensieri ed emozioni influisce sulla nostra felicità, benessere, rapporti interpersonali e successo. Le emozioni vanno e vengono come le onde del mare. È utile considerarle come fonti di informazione – né belle né brutte, ma soltanto un segnale che ci indica la via verso un'azione, oppure il promemoria che qualcosa va accettato per ciò che è, e poi lasciato andare. Per questo è importante non dire: «Sono arrabbiata», «Sono delusa» oppure «Sono triste», ma piuttosto: «Mi sento arrabbiata», «Mi sento delusa», «Mi sento triste». Io ho imparato che «nominare i nostri pensieri e le nostre emozioni ci permette di vederli per ciò che sono: fonti transitorie di dati, che possono essere utili o controproducenti».[2] Noi non siamo la nostra rabbia, la nostra delusione o la nostra tristezza. Tutte queste sono emozioni, non identità. Se non ne prendiamo atto, rischiamo di lasciarci travolgere da uno tsunami mentale ed emotivo, e di attivare comportamenti inconsulti che possono devastare la nostra vita privata e professionale. Mentre basta questo semplice cambiamento di prospettiva e di espressione per creare uno spazio e una distanza tra la nostra identità e le nostre emozioni, e non trovarci prigionieri dell'automatismo di azione e reazione. Diventiamo consapevoli del fatto che tutti noi diventiamo ciò con cui ci identifichiamo più spesso – bello o brutto, utile o controproducente.

Noi non siamo la nostra rabbia,
la nostra delusione o la nostra tristezza.
Tutte queste sono emozioni, non identità.

Rinunciando a crogiolarci nelle nostre delusioni, liberiamo lo spazio necessario all'accadere di eventi nuovi e positivi nelle nostre vite. Prendendo le distanze dalle nostre emozioni, dai nostri pensieri e dai nostri automatismi, acquisiamo una nuova prospettiva che ci permette di valutare meglio le opportunità alla nostra portata. È in questo «spazio» che acquisiamo la libertà di scelta sulle nostre percezioni e i nostri comportamenti. Ed è qui che trova spazio la felicità.

La capacità di vedere le opportunità a mia disposizione mi ha permesso di avvertire un senso di forza interiore, che a sua volta si è tradotta nel coraggio necessario a svolgere il mio lavoro e a esprimere amore alla mia famiglia, agli amici, persino agli estranei. Oggi viaggio in tutto il mondo per tenere conferenze – mentre in passato avevo paura di parlare in pubblico, e non mi credevo capace di farlo. Riesco a condividere la mia storia personale, a diffondere il movimento globale della felicità e a trasmettere la sua scienza perché ho lasciato andare il dolore. Queste esperienze mi hanno resa più forte e continuano a infondermi coraggio mentre le vivo.

Nei capitoli seguenti vedremo altri modi di creare spazio alla felicità, coltivando la gentilezza, il perdono, l'amore e la gratitudine. Sono tutte cose che si possono apprendere e incrementare, e la cui pratica ha per effetto un potenziamento delle emozioni positive. Nelle parole di Fredrickson: «Coltivare le emozioni positive non soltanto contrasta quelle negative, ma allarga l'orizzonte di pensiero dell'individuo, moltiplicando le risorse interiori utili ad affrontare la vita».[3] Nel mio caso, l'apertura alle emozioni positive ha allargato la mia visuale delle opportunità disponibili. Ho capito, ad esempio, che potevo investire i miei soldi nella creazione di un'impresa sulla felicità, lanciare un movimento, viaggiare con i miei amici, accettare un invito a cena, piangere e poi sorridere. Potevo crescere dal trauma.

I pensieri-trappola e la rigidità emotiva ottengono il risultato opposto. Il circolo vizioso dei pensieri negativi restringe la nostra libertà di scelta e riduce la nostra felicità. Il primo passo è prendere coscienza di quali pensieri rischiano di diventare una trappola.[4] Accorgerci, per esempio, di quando continuiamo a pensare e ripensare la stessa cosa in modo ossessivo. Siamo come criceti che corrono sulla ruota, senza arrivare mai da nessuna parte. A me capitava spesso di restare invischiata a rimuginare sulle mie ansie e le mie paure. Un mio pensiero ricorrente era: «Come potrò mantenere da sola i miei figli?». Infine ho capito che dovevo sbarazzarmene, perché quel pensiero prosciugava le energie di cui avevo bisogno per agire, interferiva con la mia capacità di risoluzione dei problemi e limitava il mio margine di scelta, togliendomi il sonno e intrappolandomi in un ciclo d'ansia. Tra l'altro, il sonno è un ottimo parametro per verificare se siamo rimasti agganciati a un circolo vizioso del pensiero. Hai difficoltà a prendere sonno? Dormi le giuste ore di seguito oppure ti svegli spesso durante la notte? Al mattino ti senti bene oppure no? Io passai molte notti in bianco, prima di prendere la decisione di iscrivermi alla Georgetown.

Infine, le ricerche di Carol Dweck sugli schemi mentali forieri di crescita mi hanno aiutata moltissimo a capire che guardare la vita da una prospettiva di evoluzione e apprendimento ci libera dall'amarezza e dalla tendenza a giudicare e giudicarci. Staccarsi dagli schemi fissi libera energie enormi per affrontare situazioni e problemi, e a quel punto si manifestano alternative che prima non avremmo neanche immaginato. Certo, sarebbe bello poter crescere restando semplicemente allungati su una sdraio a bordo piscina, a sorseggiare un drink esotico decorato da un ombrellino, ma non funziona così: siamo noi a doverci dare una mossa.

Il primo passo è prendere coscienza
di quali pensieri rischiano
di diventare una trappola.

Ma se la ricerchiamo attivamente, la crescita è sempre a portata di mano, e soprattutto dopo un fallimento. La vita offre una miriade di opportunità grandi e piccole di evoluzione e trasformazione. A volte crescere è faticoso, e magari non saremo felicissimi mentre accade, ma va bene così. Rinunciare a una vecchia identità mette paura, ma la metamorfosi può rivelarsi una magnifica esperienza di scoperta e l'occasione di vivere una vita più piena – come accade al bruco, così umile e legato alla terra, quando si tramuta in farfalla e spicca il volo.

Lasciando andare il fardello del dolore io ho acquisito la capacità di vedere le scelte che avevo davanti. E ho scelto la felicità.

Rinunciare a una vecchia identità mette paura,
ma la metamorfosi può rivelarsi
una magnifica esperienza di scoperta
e l'occasione di vivere una vita più piena.

Suggerimenti pratici

1. Ti consiglio caldamente il TedTalk di Susan David, intitolato *Emotional agility*. Poi esercitati a riconoscere gli schemi di pensiero in cui sei rimasto impigliato. Rinomina i tuoi pensieri e le tue emozioni (non più: «Io sono...» ma «Mi sento...»). Accetta l'intero spettro dei tuoi pensieri ed emozioni, ma nella consapevolezza che gli uni e le altre sono transitori, e agisci solo in base a quelli coerenti con i tuoi valori.
2. Cerca di circondarti di persone ottimiste e positive. La felicità è contagiosa. Per riconoscere le persone giuste, pensa a come ti senti in loro compagnia: dopo aver passato del tempo con loro ti senti ricaricato oppure prosciugato delle tue energie?
3. Identifica gli ambiti della tua vita in cui vorresti liberarti di uno schema di pensiero fisso per adottare uno schema mentale favorevole alla crescita. C'è almeno una cosa che ti senti di lasciare andare? C'è un piccolo passo concreto che potresti intraprendere da subito? Scrivili su un Post-it e incollalo allo specchio del bagno, per ricordarti ogni mattina di riorientare la mente e l'azione. Per esempio: se a procurarti ansia è la preoccupazione dei soldi, magari potresti seguire un corso online sulla buona gestione delle finanze personali. Prendi coscienza del mito che circonda le tue credenze, e impegnati a dissiparlo. Accetta il fatto che cominciare qualcosa di nuovo può essere faticoso. È normale che sia così: provaci lo stesso.

PARTE III

NUOVO APPREZZAMENTO DELLA VITA

«C'è una grande bellezza nelle piccole cose.»
Mehmet Murat Ildan

7

ASSAPORARE LA VITA E LE COSE CHE MI RENDONO FELICE. PERCHÉ? PERCHÉ SÌ!

Ciascuno di noi ha i suoi piccoli piaceri nella vita – momenti speciali di cui possiamo godere nel corso di una giornata senza bisogno di riflessione o pianificazione: ci danno soddisfazione, e tanto basta. È proprio questo a renderli così importanti. Potranno sembrare banali, ma in realtà sono proprio queste ordinarie esperienze quotidiane a gettare solide basi per la resilienza necessaria a sostenere un ambiente fisico ed emotivo in costante mutamento. Coltivare questi *spiragli* di gioia – l'opposto degli *inneschi* del pensiero negativo – favorisce la felicità complessiva. E quei momenti diventano ancora più speciali quando li condividiamo con qualcuno, potenziando uno dei fattori fondamentali del benessere: una salda rete di rapporti affettivi.

Coltivare questi *spiragli* di gioia – l'opposto degli *inneschi* del pensiero negativo – favorisce la felicità complessiva.

Da due decenni, per esempio, io posso contare su una presenza molto significativa nella mia vita, che mi ha dato conforto nei periodi di sofferenza e solitudine. Tra noi abbiamo lunghe conversazioni; certo, dei due sono soltanto io ad avere il dono della parola, però so che lui mi ascolta. E sono profondamente grata della costanza, fedeltà e compagnia di cui ha arricchito la mia quotidianità. Mi riferisco a Junior Guggenheim, il mio Shih Tzu. Nei nostri quasi vent'anni di vita in comune, mi ha fatta ridere, aumentando i miei livelli di serotonina, e si è legato per sempre al mio cuore e alla mia anima. Ho caro il ricordo delle nostre interazioni passate, e continuo ad apprezzare la nostra intesa nel presente. E so che in questo non sono sola: milioni di persone in tutto il mondo conoscono i benefici che derivano dal legame con un animale domestico.

Nell'isolamento della pandemia, la presenza di un animale domestico – i cani, soprattutto – è stata di grande conforto a moltissime persone. Le ricerche scientifiche dimostrano che gli animali contribuiscono ad alleviare la solitudine, lo stress e l'ansia – tutte emozioni di cui ho avuto la mia parte in seguito al lutto. In aggiunta, i nostri animali da compagnia ci rendono più socievoli, ampliando la nostra rete di conoscenze e aiutandoci a stringere nuove amicizie.[1] Posso confermarlo per esperienza: Junior è un perfetto rompighiaccio. È raro vedere un cane della sua età, e in più lui è carino da morire, perciò quando lo porto a passeggio è pressoché matematico che qualcuno si avvicini e cominci a chiacchierare.

Per la mia famiglia Junior è prezioso anche per i mille aneddoti che possiamo scambiare sulle sue interazioni con Ricardo. È triste pensare che abbia vissuto con i miei figli più a lungo del loro padre. Al tempo stesso la sua longevità è una gioia, perché la sua presenza ci ha aiutati ad affrontare il lutto. Sono due facce della stessa medaglia, e io ho scelto di concentrarmi su quella positiva. Per esempio i tanti momenti teneri e dolci della sua vita con noi, una parte essenziale della nostra storia di famiglia e del nostro ricordo collettivo di Ricardo. E quando lui non ci sarà più, quelle storie si tramuteranno in altri ricordi da custodire nella nostra agrodolce biblioteca del passato, come gemme che rendono la vita degna di essere vissuta. So che non dovrei, ma al momento preferisco non pensare a cosa proverò quando perderò il mio amatissimo cane. Ma è proprio in quei momenti che avverto ancora più acutamente la felicità di averlo con noi, la ricchezza che ha portato nel nostro quotidiano e il suo enorme contributo alla nostra serenità. Già solo l'immagine di Junior mi fa sorridere. Le ricerche condotte all'Happiness Research Institute in Danimarca dimostrano che le persone sono più felici quando conservano un'immagine positiva e nostalgica del passato. Per me senz'altro sarà così, e già questo è un conforto. Perché, secondo lo studioso della felicità Meik Wiking, i bei ricordi rafforzano la nostra identità, potenziano il nostro senso di scopo e rinsaldano i nostri rapporti.[2] Ci riportano alla mente chi siamo davvero.

So che ricorderò con nostalgia le buffonerie e i giochi di Junior. E scelgo di concentrarmi sulla gioia di averlo accanto nel presente. Ciò che deve accadere lo affronterò a tempo debito. La vita ha ritmi propri, e cercare di anticiparli serve solo a complicarla. Spesso ci guastiamo la felicità del momento perché sappiamo che finirà. Be', tutto finisce. È nella natura delle cose. Esiste una stagione per tutto. Trascurando il presente per preoccuparci del futuro rischiamo di percepire un solo lato della realtà, e riempiamo la nostra vita di momenti *vuoti*, perché di fatto siamo noi stessi a creare le nostre esperienze, sulla base di ciò che percepiamo. In molte culture è addirittura di cattivo auspicio dire che ci è capitato qualcosa di bello o che siamo felici!

In realtà è vero il contrario. Trovando il coraggio di sperimentare a fondo la felicità e la gioia del momento, e di riconoscerle apertamente quando accadono, acquisiamo una visione più equilibrata della vita. Concentrati sul qui e ora: in questo preciso istante, quasi tutti stiamo abbastanza bene. Certo, magari potrebbe andare meglio, ma anche peggio, e in questo punto esatto nella linea del tempo siamo al sicuro.

Trovando il coraggio di sperimentare a fondo la felicità e la gioia del momento, e di riconoscerle apertamente quando accadono, acquisiamo una visione più equilibrata della vita.

È di grande aiuto concentrarsi su ciò che sta andando «per il verso giusto». Non sempre è facile, perché abbiamo tutti la tendenza a fossilizzarci su schemi mentali controproducenti, modi di pensare così consueti da essere diventati una seconda natura. Se è così anche per te, ricorda ciò che dicono gli esperti: quando attribuiamo più valore al positivo, il positivo si accresce. Tutto ciò cui prestiamo attenzione spicca sullo sfondo. Impegnandoti a prenderne coscienza, moltiplicherai le cose belle, perché ti sarai addestrato a notarle.

Ricercare il positivo, concentrarsi sulle attività e i rapporti che ci danno un senso di appagamento, di armonia e di pace, ci fa sentire meglio. In questo, uno degli strumenti più potenti a nostra disposizione è la natura. Le ricerche dimostrano che stare all'aria aperta ci infonde un senso di coesione con chi ci sta accanto, facilita la comunicazione e potenzia la creatività. In aggiunta – e forse è questo il beneficio più importante – la natura aiuta a rafforzare il carattere e la sicurezza.[3] Fare buon uso di questo strumento è facilissimo. Quando ti trovi nella natura, concentrati sulla sua bellezza, e coltiva un senso di scoperta e reverenza. Cerca di trascorrere almeno due ore alla settimana nel verde: ne trarrai un'autentica iniezione di benessere.[4] Puoi passeggiare in un bosco, andare in un parco o guardare un tramonto sul mare. Non importa la durata dei singoli intervalli: conta l'accumulo.

Potrà sembrare strano, ma io mi sono accorta dei tramonti spettacolari che si godono dalle finestre del mio appartamento solo quando, durante la pandemia, il lockdown mi ha costretta in casa. Li avevo da sempre sotto il naso, ma non avevo prestato attenzione, perciò per me era come se non esistessero. Anzi, la prima volta mi sono proprio detta: «E da quando si vede un tramonto simile da qui?». Per quanto assurdo, è così che funziona: ci sono sempre cose e persone meravigliose alla nostra portata, ma per noi non diventeranno reali finché non le avremo notate. Il ritmo più lento imposto dal lockdown mi aveva dato l'opportunità di *allargare* il mio campo visivo, e di notare la bellezza intorno a me. È un'altra dimostrazione della tendenza a espandersi della felicità.

Conservarci pienamente consapevoli nei momenti dorati, parlare delle cose che sono «andate bene» durante la giornata, o di un gesto gentile che abbiamo ricevuto, aiuta a correggere la nostra inclinazione alla negatività. La nostra mente tende per sua natura a vedere il «brutto», perciò è importante impegnarci intenzionalmente a notare anche il bello. La nostra memoria fatica a registrare gli eventi positivi perciò, per ricordarli, dobbiamo impegnarci alla piena presenza mentale quando accadono. E poiché noi costruiamo la nostra vita attraverso le percezioni, non notare un evento felice equivale a cancellarlo. Il risvolto prodigioso di tutto questo è che, cambiando prospettiva, cambieremo letteralmente la nostra vita.

Possiamo addestrarci all'apprezzamento anche grazie alla musica. L'abbiamo sperimentato tutti: bastano le prime note o l'attacco di una canzone per evocare una cascata di ricordi ed emozioni, e riorientare completamente il nostro stato d'animo. La musica stimola quasi tutte le regioni del cervello, a partire dalla corteccia uditiva. Attiva e sincronizza le aree cerebrali preposte alle emozioni e alla memoria e coinvolge il sistema motorio prima ancora che il nostro corpo muova un passo.[5] È come un'intensa seduta di allenamento per il cervello.

Assaporare la musica è un'abitudine importante che ho introdotto nella mia routine quotidiana. Ogni volta mi offre un intero assortimento di ricordi diversi – felici, nostalgici, dolcemente malinconici, e a volte maliziosi. Quando ho bisogno di riflettere ascolto i grandi classici del rock. Se sono depressa, mi scrollo il malumore con le canzoni degli anni Ottanta. Il musicista preferito di Ricardo, Seal, per me è off limits (*per ora*), ma i Pearl Jam e Bob Marley mi hanno salvato la vita nel primo anno dopo la sua scomparsa. Aprendo gli occhi, ogni mattina, la giornata che mi aspettava mi sembrava interminabile, come un ostacolo insormontabile. Quelle canzoni mi davano la forza di alzarmi, fare la doccia, vestirmi. Senza saperlo, stavo utilizzando uno stimolo scientificamente testato per risollevarci l'umore. Io ne feci una consuetudine quotidiana, aggiungendo un altro strumento alla mia pratica di felicità. Avanzando lentamente verso il mio traguardo, un passetto alla volta. Si dice che, con il tempo, i piccoli gesti determinino grandi cambiamenti: be', è la pura verità.

La nostra mente tende per sua natura a vedere il «brutto», perciò è importante impegnarci intenzionalmente a notare anche il bello.

Ancora oggi ascolto musica quando mi preparo per la mia giornata. Non aspetto di averne voglia. L'ho adottata come una disciplina, perché so che mi risolleva l'umore. E adesso il gesto è diventato automatico: non mi fermo a pensarci, non rifletto sui suoi vantaggi a lungo termine. Lo faccio e basta, come nello slogan della Nike: *Just Do It*. Beninteso, è importante scegliere la musica giusta. Ciascuno di noi reagisce a suo modo a questo o quel brano. Un pezzo che io trovo rasserenante potrebbe essere irritante per un altro. Ed è questo l'aspetto stupendo: ciascuno di noi è l'esperto indiscusso di ciò che lo rende felice. E nel caso della musica non dobbiamo esercitare il minimo sforzo: basta ascoltare, e lasciare che la natura faccia il resto! Ecco alcuni ottimi motivi per aggiungerla ai tuoi rituali quotidiani: la musica «riduce l'ansia, abbassa la pressione sanguigna, allevia il dolore e migliora la qualità del sonno, l'umore, la lucidità mentale e la memoria».[6] È la definizione stessa di un rimedio a portata di mano: il massimo dei benefici con il minimo della fatica.

Entrare in sintonia con ciò che ci rende felici è un'ottima regola per approntare un piano di vita positivo. Esercitandoci a diventare consapevoli dei comportamenti che migliorano il nostro benessere, creiamo un ambiente più favorevole alla crescita della felicità. Noi passiamo gran parte del nostro tempo a pianificare, ma senza tener conto del tempo e delle attività necessarie al nostro benessere. Questo perché la nostra società considera prioritaria la produttività. Noi tutti misuriamo il successo di una nazione, un'azienda o un individuo in base a quanto sono «produttivi». Da imprenditrice sociale e integralmente devota alla missione di WOHASU, a volte io ho il brutto vizio di lavorare nei weekend o durante le vacanze; mi sto correggendo, ma in quest'ambito c'è ancora ampio margine di miglioramento. Oggi mi impegno a investire più tempo e impegno nel privato, come parte del mio piano di vita. Sto anche pensando di trasferirmi in una città che mi permetta di integrare meglio vita privata e professionale.

È strano ricordare quanto, in passato, pretendessi di essere felice senza impegnarmi o deciderlo in modo intenzionale. Sapevo solo di volere una vita felice. E indovina un po'? Ce l'avevo già, ma me ne rendo conto solo adesso, mentre allora mi concentravo esclusivamente su ciò che mi mancava. Il risultato era condannarmi da sola alla delusione e alla noia, ferma ad aspettare che da fuori arrivasse il «qualcosa» che mi avrebbe resa più felice. E se anche capitava, ai miei occhi erano solo eventi sporadici, perché avevo un'immagine mentale preconfezionata di *come* dovesse essere la felicità. Non avevo idea di come renderla sostenibile nel tempo, o di quanto appagamento e motivazione si possa trarre da una vita orientata a uno scopo. Era come pretendere di veder costruito un palazzo elaborato senza il minimo contributo da parte di ingegneri e architetti. Non mi rendevo conto di quanto fosse assurdo lasciare al caso l'aspetto più importante della mia esistenza – cioè il mio modo di viverla e di sperimentarla. Spesso ci comportiamo come se la fonte primaria della felicità fosse esterna, quando in realtà la sua sorgente è interiore. Il risultato è che ci ritroviamo ad aspettarla in eterno. Mentre di fatto la felicità proviene da dentro di noi, e solo dopo fluisce all'esterno. Prenderne coscienza mette fine all'attesa.

Spesso ci comportiamo come se la fonte primaria
della felicità fosse esterna,
quando in realtà la sua sorgente è interiore.

Cercare la felicità all'esterno ci lascia con un senso di vuoto, perché il traguardo sembra non arrivare mai: continuiamo a rincorrerlo senza riuscire a raggiungerlo. Magari ti sembra che prenderti il tempo necessario ad ascoltare un po' di musica, fare una passeggiata nella natura, ridere con gli amici, abbracciare i tuoi famigliari, fare le coccole al tuo cane o pranzare all'aperto invece che chiuso in ufficio non sia produttivo, ma le ricerche dimostrano che tutte queste azioni migliorano il nostro benessere, che a sua volta rende più produttivi. È la felicità a portare al successo in ogni ambito della vita – lavoro, vita privata, salute – non viceversa.[7] Ma finché non lo sperimentiamo di persona, noi non riusciamo a crederci. Così sprechiamo giorni, settimane, anni, a volte una vita intera, a rincorrere una felicità che non arriva mai, quando invece la vita vera è nel viaggio, e nella consapevolezza della felicità presente.

Ciò detto, non dobbiamo dimenticare di imparare dal passato e di pianificare il futuro, affinché la felicità non sia casuale ma sostenibile. Per essere più felici dobbiamo impegnarci a cambiare i nostri schemi mentali e le nostre abitudini, che sono canali verso la trasformazione positiva. Magari pensi di non avere tempo da dedicare al tuo benessere. Be', hai mai provato a pensare alla quantità di tempo che dedichi all'infelicità?

Il potenziale è alla portata di tutti. Notare le meraviglie che accadono di continuo intorno a noi ci aiuta a svilupparne la consapevolezza, e a organizzare le nostre vite intorno alle cose e alle persone che contano davvero.

Magari pensi di non avere tempo da dedicare al tuo benessere. Be', hai mai provato a pensare alla quantità di tempo che dedichi all'infelicità?

Inquadrando le sfide come occasioni di scoperta e apprendimento, e prestando attenzione ai momenti magnifici che danno un senso alla vita, impariamo a diventare più felici. Possiamo celebrare le esperienze «ordinarie», attribuendo loro un nuovo significato. Per esempio, il tramonto spettacolare che ho citato prima. Ovviamente i tramonti accadono ogni giorno; non esiste niente di più normale o ordinario. Ma se ci prendiamo il tempo di guardare *davvero* il sole che cala all'orizzonte, e magari condividere il momento con un amico o il nostro partner, l'evento diventerà speciale. Anzi, potrebbe diventare un'esperienza di spicco nella nostra giornata – uno di quei momenti salienti che ci restano impressi nella memoria. Noi tutti abbiamo il potere di trasformare il quotidiano in miracoloso, e il senso di reverenza che ne deriva potenzia il nostro benessere.[8]

Vivendo con me, i miei figli hanno assimilato per default le mie strategie di felicità. E io so essere una persona *molto* fastidiosa. Se al mattino mi sento giù, mi metto a ballare e cantare. Sono stonata come una campana, ma vado dai miei figli e comincio a cantare: «*Vi adoro, vi adoro, vi adoro!*». Ovviamente loro mi guardano come se fossi impazzita, ma a quel punto io mi sento già meglio. E finiamo tutti per scoppiare a ridere.

L'umorismo è un rimedio fantastico nelle giornate «no». Riduce lo stress, ci fa sentire in sintonia con gli altri e rilascia endorfine. Merita notare che di fronte a un evento noi possiamo sperimentare quasi in simultanea emozioni opposte. Per esempio, una mia amica ha un senso dell'umorismo molto cinico, e il suo sarcasmo l'ha aiutata ad affrontare la morte del padre. Dolore e risate possono coesistere. Anzi, una ricerca dimostra che ridere riduce il dolore fisico e può persino rafforzare il nostro sistema immunitario. E anche l'umorismo è una competenza che possiamo affinare. Per me è utilissimo quando mi sento nervosa o sopraffatta dagli impegni. Se cambio prospettiva, smarcandomi dai miei schemi di pensiero negativo e trovando il lato comico della situazione, quelle sensazioni diventano meno intense. E una risata è contagiosa. Mio marito aveva un gran senso dell'umorismo – un aspetto del suo carattere che è stato tra i motivi principali della nostra intesa. Oggi uso l'umorismo nelle mie riunioni di lavoro. Mi sono resa conto che contribuisce a un clima di coesione e collaborazione, e riduce lo stress di una conversazione difficile. È anche uno strumento fantastico con i bambini, perché infonde gioia al rapporto.

Persino un semplice sorriso può avere un impatto positivo.[9] L'azione fisica di sorridere può dare benefici enormi, perché rilascia serotonina e dopamina, i neurotrasmettitori del benessere. Perciò è un ottimo modo di «sabotare» il cervello quando ci sentiamo abbacchiati. E i vantaggi valgono sia per chi sorride sia per chi riceve il sorriso. Per questo io ho l'abitudine di sorridere ai passanti per la strada o quando incontro una persona nuova. Gli effetti sono straordinari: davanti a un sorriso, tutti diventano più gentili e disponibili. Cerco anche di ricordarmi di sorridere durante una presentazione. A volte mi lascio prendere dal mio argomento, diventando seriosa. Ma appena sorrido mi rilasso, riesco a comunicare meglio il mio messaggio e a coinvolgere di più il pubblico.

Beninteso, l'umorismo non deve mai essere crudele, offensivo o a spese di qualcuno. Ma possiamo trovare un umorismo sano in ogni momento della quotidianità. Il gioco, per esempio, è un ottimo modo di accogliere una risata nelle nostre vite. Gli adulti non dedicano abbastanza tempo al gioco. E oggi, purtroppo, anche per i bambini il gioco «non strutturato» diventa sempre più raro. Ma la tendenza non è irreversibile. Invece di passare le nostre serate sui social media o davanti alla televisione, possiamo decidere di dedicarle al gioco. Le ricerche dimostrano che «giocare attiva il cervello dei mammiferi con modalità che modificano i collegamenti neurali nella corteccia prefrontale, preposta alla regolazione delle emozioni e ai processi di risoluzione dei problemi».[10] È evidente che aggiungere il gioco al programma di una giornata ha significativi effetti biologici positivi.

E vale anche per gli adulti, perché, per quanto sembri incredibile, il gioco aiuta a restare giovani. Tiene in allenamento il cervello, offrendoci opportunità di essere creativi e di imparare qualcosa di nuovo. Può anche rafforzare i rapporti, intensificando il senso di sintonia con amici o colleghi. Può persino rimarginare le ferite emotive.[11] Credo sia per questo che io faccio il pagliaccio quando mi sento sopraffatta.

Di certo non serve che ti dica quanto può farci sorridere un buon pasto. Il cibo ci permette letteralmente di assaporare la vita. Attiva i nostri sensi attraverso lo stimolo dei sapori, degli aromi e della consistenza delle pietanze, e soprattutto ci permette di trarre piacere dalla conversazione e dalle interazioni con le persone alla nostra tavola. Una cena comune è un'occasione per migliorare la nostra salute fisica e mentale. Perché noi *siamo ciò che mangiamo*. Per questo bisogna avere molta cura dell'alimentazione. Ricerche recenti dimostrano che lo stato di salute dell'apparato digerente incide in modo diretto sul nostro stato mentale, e che esiste un legame reciproco tra cervello, intestino e microbiota, detto «asse cervello-intestino».[12] A quanto sembra, le persone che soffrono di ansia e depressione potrebbero trarre benefici dall'aggiunta di probiotici alla loro dieta, oltre che dagli alimenti ad alto carico nutritivo.[13] Insomma, l'attenzione al cibo paga. E condividere un pasto con gli altri ci fa sentire più felici e più appagati, potenzia i legami sociali generando fiducia reciproca e un maggiore coinvolgimento con la nostra comunità.[14] Senza contare l'iniezione di buonumore che deriva dal fatto di divertirsi e ridere insieme, che a sua volta rafforza i legami.

Sono tutti piccoli gesti, all'apparenza ordinari e irrilevanti, e che invece hanno il potere di dare senso e significato alle nostre vite, rendendoci più felici. Dunque, come vedi, il modo in cui scegliamo di passare il nostro tempo conta moltissimo per il nostro benessere. O meglio, a contare davvero è la *visione* che abbiamo del nostro tempo. Secondo l'esperta Cassie Holmes, esiste un rapporto molto specifico tra tempo e felicità. In base alle sue ricerche, per il benessere ottimale servono da due a cinque ore libere al giorno. Sono i momenti in cui assaporiamo davvero la vita. Se il nostro tempo libero si riduce sotto le due ore, ci sentiamo deprivati, e abbiamo l'impressione di non avere tempo a sufficienza per tutto ciò che vorremmo fare. Ma attenzione: se il tempo libero eccede le cinque ore, ci sentiamo privi di scopo.[15] Il tempo è la nostra risorsa più preziosa, e nessuno di noi può sapere quanto gliene resta, perciò è importante pianificare con cura le nostre occupazioni, per non rischiare di sprecarlo. E le ricerche dimostrano che le persone soffrono di più per la perdita di tempo che di denaro.[16] I soldi sprecati possiamo sempre riguadagnarli, mentre il tempo perduto non torna più.

Sono tutti piccoli gesti, all'apparenza ordinari e irrilevanti, e che invece hanno il potere di dare senso e significato alle nostre vite, rendendoci più felici.

Ora che sappiamo quant'è importante assaporare il presente, possiamo cominciare a sviluppare un piano di vita che includa ogni giorno occasioni favorevoli alle interazioni che contano. In questo modo possiamo elevare il nostro tenore umorale, esercitando la consapevolezza degli effetti straordinari che derivano dagli incontri e dalle attività «ordinarie», oltre che dall'ambiente naturale appena fuori dalla porta. Spesso basta notare il quotidiano per scoprire quanto in realtà è miracoloso. La vita è ricca di opportunità. Coltiva la curiosità, scopri qualcosa di nuovo e condividi le tue scoperte.

Suggerimenti pratici

1. Perdi l'abitudine di mangiare davanti al computer o al televisore. Imbandisci una cena speciale almeno una volta alla settimana. E ricorda: sei tu a decidere che cosa significa «speciale». Crea un ambiente che abbia significato per te e condividilo con gli altri.
2. Presta attenzione alle sensazioni del tuo corpo quando ascolti musiche diverse. Creati una playlist di canzoni che ti fanno sentire bene. Ascoltala ogni giorno per una settimana. Verificane gli effetti.
3. Se ti senti «in fame di tempo», riesamina con cura le attività della tua giornata. Sul sito di Cassie Holmes puoi trovare un utile esercizio di riesame del tempo, compresa una pratica tabella per tenerne traccia.[17]

PARTE IV

RAPPORTI

Approfondire i legami, soprattutto con chi ha vissuto un'esperienza dolorosa

8

AMORE, AFFETTI E RAPPORTI

> *«Per praticare l'arte di amare dobbiamo in primo luogo scegliere l'amore: ammettere con noi stessi che vogliamo conoscerlo e manifestarlo.»*
> *Bell hooks,* Tutto sull'amore

Perché esistono così poche ricerche sull'amore, e volumi e volumi sulla guerra? Forse perché l'impatto dell'amore è più difficile da misurare, oppure perché la cultura pop lo ha ridotto a un idilliaco concetto romantico, secondo il quale esisterebbe un'unica persona al mondo in grado di riempire lo *spazio dell'amore* nella nostra vita. Eppure ben poche emozioni hanno un'importanza maggiore per il benessere individuale e collettivo. Nella luce giusta, diventa evidente che «lo stato di salute delle nostre vite dipende dai nostri rapporti affettivi».[1]

L'amore mi ha salvato la vita.

Il mio amore per gli altri, soprattutto per i miei figli, e quello degli altri per me ha cambiato la traiettoria della mia esistenza, riorientandola dal lutto alla felicità. Quando i miei bambini persero il loro padre, io mi resi conto che per aiutarli dovevo tornare a essere «completa», ma non avevo idea di come riuscirci. Poiché li amavo, presi una decisione radicale: scelsi la felicità. Desideravo disperatamente rimediare all'irrimediabile. Uno degli aspetti più difficili di ciò che mi è capitato è che, da madre, io provo l'istinto di proteggere i miei figli dalle realtà più crude della vita. Sono sempre stata come una leonessa con i suoi cuccioli. Ma la realtà di quanto ci era successo non potevo cambiarla. Potevo solo sforzarmi di alleviarne gli effetti. Per rendermi utile, dovevo trovare il modo di aiutare i miei figli a elaborare il lutto e le sue conseguenze. È stata la parte più dura dell'intera esperienza. Non esiste uno strazio paragonabile a quello di trovarsi testimoni impotenti della sofferenza di chi amiamo. Ma al tempo stesso la sofferenza unisce. Le esperienze negative vissute insieme rafforzano i rapporti quanto quelle positive. È il potere dell'amore. È stato terribile veder soffrire i miei figli e sapere che non potevo fare niente per impedirlo. Potevo soltanto essere presente e confortarli. Ma poco alla volta ho capito che, orientando la mia vita in una nuova direzione, anche loro mi avrebbero seguita, come di fatto è accaduto. «L'amore ci unisce, ed espande il potenziale di ciascuno.»[2]

Certo, all'inizio avevo paura. Mi sentivo come un palloncino trascinato dal vento. Il filo che mi ancorava alla mia identità e sicurezza era stato brutalmente reciso, e adesso avanzavo su un territorio ignoto, in cui tutto mi appariva estraneo. Era come camminare su un lago ghiacciato: a volte lo strato di ghiaccio sembrava solido, altre era appena una patina sottile, pronta a cedere da un momento all'altro. Un solo passo falso, e l'acqua scura e fredda del lago mi avrebbe inghiottita.

Ho vinto la mia paura attraverso l'amore. Oggi mi basta pensare all'affetto che mi lega ai miei figli, e a quanto l'amore può cambiare le nostre vite e quelle degli altri, per sentirmi a casa ovunque nel mondo.

La sintonia prodotta dall'amore è confermata dalla scienza. Quando proviamo una connessione con qualcuno, i nostri cervelli tendono a sincronizzarsi. Una dei leader nella ricerca sulla psicologia positiva, la dottoressa Barbara Fredrickson, la chiama «risonanza positiva»: è questo fenomeno a infonderci un senso di intimità e a farci sentire bene con l'altra persona.[3] Nel suo TedTalk,[4] Fredrickson spiega che il nostro modo di pensare all'amore è limitato, e ci incoraggia a estenderne la definizione oltre i rapporti sentimentali, per concentrarci sui *micromomenti* di risonanza positiva che si verificano ogni giorno, creando sintonie passeggere con le persone. Magari stai parlando con un amico e avverti un momento di profondissima intesa. Si tratta di una vera e propria sincronia biochimica, in cui i vostri battiti cardiaci e le rispettive attività neurali si accordano, entrando appunto in risonanza positiva. L'amore è questo. Non soltanto ci fa stare bene e migliora le nostre interazioni sociali, ma favorisce anche la salute fisica. Come sostiene Fredrickson: «I rapporti affettivi sono un imperativo biologico», qualcosa di vitale per l'individuo e per il gruppo.

Come succede a molti, mi veniva più spontaneo amare e prendermi cura degli altri che amare me stessa. Oggi gran parte della mia vita ruota intorno al World Happiness Summit e ad attività che aiutino il mio prossimo a trovare la felicità, il senso di scopo, la salute e la realizzazione personale. Il servizio agli altri è stato uno degli ambiti in cui ho sperimentato la crescita post-traumatica. Mi ha permesso di sviluppare rapporti più significativi, in particolare con persone che avevano vissuto esperienze dolorose. La mia speranza è che le persone felici lo diventino ancora di più, ma traggo motivazione soprattutto dall'aiuto alle persone provate dalla vita. Siamo tutti un po' ammaccati, ma alcuni portano dentro incrinature più profonde. Ma ecco l'aspetto meraviglioso: come insegna l'antica arte giapponese del *kintsugi*, proprio quelle linee di frattura possono diventare i nostri punti di forza. Nel *kintsugi*, le crepe di un vaso si riparano con l'oro fuso. In modo analogo, l'amore non soltanto ci permette di tornare interi, ma ci trasforma in nuove opere d'arte. Può aiutarci a guarire e a diventare più felici. Attraverso il dolore, la comunicazione e l'amore, io sono diventata un'imprenditrice sociale e un'attivista del benessere. Non so dire che soddisfazione provo ascoltando le testimonianze di persone cui WOHASU ha cambiato la vita.

Una delle domande che in questi anni mi è stata rivolta più spesso è: «Come sei riuscita a passare da un lutto tanto devastante al dedicare la vita alla felicità?». Ci ho riflettuto molto, soprattutto mentre scrivevo questo libro. Ed ecco la mia risposta: ci sono riuscita perché mio marito mi amava moltissimo. E poiché l'amore trascende il tempo e lo spazio, quello di Ricardo ha continuato a sostenermi anche quando lui non c'era più. Era un amore fondato sulla piena accettazione della persona che sono, difetti compresi. Per questo il suo amore è stato così potente e duraturo: mio marito non era cieco alle mie imperfezioni – al contrario, le amava, perché sono queste imperfezioni a rendermi me stessa.

Gli esseri umani hanno un grande bisogno di appartenenza. Io e Ricardo non avremo avuto un matrimonio perfetto, ma sentivamo di appartenerci. Il nostro è stato un amore romantico, ma il rapporto andava oltre la semplice intesa sentimentale, perché comprendeva anche l'amicizia, una forma d'amore più salda e significativa. E oggi io sento l'appoggio di mio marito come quando era vivo.

Insomma, l'amore è un modo fantastico di potenziare qualsiasi tipo di rapporto, e questo è di grande importanza, perché la nostra rete sociale è il fattore più decisivo per la felicità. Il professor Robert Waldinger, che ha dedicato decenni al più lungo studio scientifico sulla felicità, dice: «Se oggi vuoi fare una scelta in grado di renderti più sano e più felice, presta attenzione ai tuoi rapporti con gli altri».[5] Nella vita, niente conta quanto le persone, sia nell'ambito privato sia in quello professionale.

L'amore è un modo fantastico di potenziare qualsiasi tipo di rapporto, e questo è di grande importanza, perché la nostra rete sociale è il fattore più decisivo per la felicità.

Per quanto possa sembrare magico, l'amore non accade per magia. Serve impegno per svilupparlo e coltivarlo. Come la felicità, anche l'amore dipende da noi, e richiede consapevolezza e dedizione per essere duraturo. Questo vale soprattutto nei rapporti a lungo termine o nei matrimoni. Con il tempo, smettiamo di vedere l'altro per il dono che è in realtà, magari concentrandoci su ciò che gli manca invece della quantità di cose meravigliose che porta nella nostra vita. Se oggi ho un rimpianto è di non aver detto più spesso a Ricardo quanto apprezzavo ciò che faceva per la nostra famiglia e per me in particolare. Perciò ecco un modo di migliorare i nostri rapporti: esprimere gratitudine per i piccoli gesti quotidiani, tenendo sempre presente che sono le piccole cose a determinare i grandi cambiamenti. Anche con le persone possiamo scegliere di evidenziare ciò che fanno nel modo «giusto». Se per esempio il tuo partner torna dal supermercato con nove dei dieci articoli della lista della spesa, non concentrarti sull'unica cosa che ha dimenticato di comprare. Non è forse questo che tendiamo a fare? Assumiamo una prospettiva di deprivazione, invece di adottarne una di abbondanza. Magari puoi accennare all'articolo dimenticato, ma poi lascia correre: non restare impantanato nel negativo. Passa oltre.

Ecco un modo di migliorare i nostri rapporti:
esprimere gratitudine per i piccoli gesti quotidiani.
Sono le piccole cose a determinare
i grandi cambiamenti.

E perché non creare più opportunità di condividere le attività che amate? Le relazioni a lungo termine sono già così piene di faccende pratiche – problemi finanziari, l'educazione dei figli, la lavatrice guasta, e cosa c'è per cena… – perché non prendersi una pausa e fare qualcosa di divertente insieme, così da ritrovare la sintonia attraverso le emozioni positive? Non ricordate più che cosa vi piaceva un tempo? Mettete in calendario una pausa dai figli, dal lavoro, dalla televisione e dal cellulare, e cercate un'attività che piaccia a entrambi. Poi mettetela in cima al vostro elenco di impegni, e ripetetela spesso.

Affinché l'amore duri nel tempo dobbiamo esprimerlo. Come? Alcuni dei modi più efficaci sono la gentilezza, il perdono e la gratitudine. Ovviamente sono competenze più accessibili se ci siamo impegnati a esercitarle. Ne parleremo più a fondo nei prossimi capitoli. Ma possiamo investire tempo ed energie nello sviluppo di questi modi di essere, e così facendo potenzieremo anche la nostra resilienza – la capacità non soltanto di rialzarci quando la vita ci ha messi al tappeto, ma anche di trarne un'occasione di crescita. Le ricerche dimostrano che le persone felici sono più resilienti,[6] e un modo per diventare più felici è sperimentare più spesso la risonanza positiva – l'amore, secondo la nostra nuova definizione – e impegnarsi in comportamenti altruistici, aiutando gli altri e praticando la gratitudine e il perdono. La gentilezza verso gli altri e noi stessi potenzia la resilienza. È amore in azione.

L'amore ha mille forme diverse. Hai mai provato un senso di reverenza di fronte a uno splendido paesaggio? Ti è successo di restare senza parole davanti a un'opera d'arte o ascoltando una preghiera? Anche queste sono forme d'amore. Oltre all'amore romantico, famigliare e comunitario, ne esistono anche altri, compresi l'amore spirituale e l'amore di sé. L'afflato verso Dio o la natura e l'impegno per un fine superiore possono infondere alle nostre vite un significato più profondo, e avere effetti positivi sulle nostre famiglie e comunità.

Ho lasciato per ultimo l'amore di sé perché è stato l'ultimo che ho imparato. Ma ho anche scoperto che è la forma di amore più importante in assoluto, e che in ordine di tempo andrebbe messo al primo posto, perché il vero amore, come la felicità, nasce dentro di noi. Forse è per questo che in passato non ero felice quanto avrei desiderato. Solo adesso ho potuto sperimentare la felicità nel senso più pieno del termine, perché ho preso coscienza dell'importanza e del significato dell'amore di sé, che abbraccia l'accettazione, la compassione, la stima e la cura di se stessi. Nella mia vita, la possibilità di manifestare amore agli altri è sempre stata fonte di grande arricchimento, ma oggi metto anche me stessa nel mucchio.

Non che sia stato facile. Da madre e moglie, ero abituata a privilegiare sempre le esigenze degli altri. Per la verità spesso non ero neanche consapevole di trascurare le mie. A volte è il nostro corpo a capirlo per primo. Quando sono stressata, io dormo male, perdo l'appetito e mi ritrovo sottopeso, perciò è il mio corpo a manifestare il disagio prima che il cuore e la mente si mettano in pari. Il collegamento mente-cuore significa che i nostri corpi sono una fonte eccellente di informazioni, *purché li si ascolti.* Perciò, anche in questo caso, la consapevolezza è il primo passo.

Solo adesso ho potuto sperimentare la felicità
nel senso più pieno del termine,
perché ho preso coscienza dell'importanza
e del significato dell'amore di sé.

Come ho già detto, per molti di noi la persona più difficile da amare siamo noi stessi. Forse è perché ci vergogniamo, oppure non ci siamo perdonati un errore commesso in passato. Anche i giudizi o i comportamenti degli altri possono avere inciso sul nostro senso di valore personale. Le relazioni finite possono averci lasciato ferite aperte che incidono in negativo sulla nostra identità e la nostra autostima. È importante porre rimedio a questi strascichi, perché l'amore di sé è fondamentale per una felicità e un benessere sostenibili. Dobbiamo sviluppare la compassione, la comprensione e il perdono per ciò che abbiamo fatto, mancato di fare o fatto male. E nel prossimo capitolo vedremo quanto il perdono può migliorare la nostra vita.

Per molti di noi la persona più difficile da amare siamo noi stessi. Forse è perché ci vergogniamo, oppure non ci siamo perdonati un errore commesso in passato.

È solo imparando ad accettare e amare noi stessi che acquisiamo la capacità di vedere le alternative che abbiamo di fronte. E troviamo anche la forza e il coraggio di determinare i cambiamenti e le decisioni necessari a raggiungere i nostri traguardi. Imparando ad amarti imparerai anche ad apprezzarti, a rispettarti e ad aver cura di te, senza aspettare che siano gli altri a farti sentire realizzato. Soltanto noi possiamo completarci, e il rispetto di sé è una base essenziale su cui costruire la vita. La sana autostima che deriva dall'amore di sé è benefica per i rapporti, migliora il rendimento scolastico e professionale, contribuisce alla salute mentale e fisica, e riduce i comportamenti antisociali.[7]

Ti prego di notare che l'amore di sé non è narcisismo; al contrario, comporta per sua natura l'attenzione verso gli altri. Ed ecco un altro circolo virtuoso: l'altruismo rende più felici e la felicità rende più altruisti. Le interazioni sociali positive potenziano il nostro benessere fisico ed emotivo attraverso il rilascio dell'ormone ossitocina, che abbassa la pressione, rallenta il battito cardiaco e riduce lo stress.

Imparando ad amare me stessa ho capito quant'è importante avere cura di sé ed esigere che il nostro spazio venga rispettato. La cura di sé è cruciale. Possiamo esercitarla in molti modi diversi, per esempio dando voce a ciò di cui abbiamo bisogno, ritagliandoci il tempo necessario al riposo e al recupero, attribuendo la giusta importanza al nostro benessere, entrando in sintonia con le nostre emozioni, prendendoci una vacanza, telefonando a un amico, tenendo un diario, facendo esercizio fisico, chiedendo aiuto e smettendo di privilegiare le richieste altrui a spese delle nostre. Certo, è naturale voler aiutare i nostri amici, parenti e colleghi, ma dobbiamo stare attenti a non trascurare le nostre esigenze, pena il rischio di depressione, risentimento o esaurimento. Le ricerche dimostrano che la tendenza ad accondiscendere sempre agli altri si radica in una carenza del senso di sé.[8] È possibile che per guarire da questa propensione serva un percorso di analisi, perché la sua fonte può essere un trauma vissuto nell'infanzia. Ma una cosa è certa: è solo attraverso l'accettazione e l'amore di sé che possiamo davvero amare gli altri e sperimentare il loro amore per noi.

Amare gli altri non significa necessariamente fare tutto ciò che chiedono. Anzi, un modo per esprimere sia l'amore di sé sia quello per il prossimo consiste proprio nel porre dei limiti. A volte tracciamo confini nei rapporti d'affetto per tutelare la nostra salute e sicurezza; altre, è per proteggere il prossimo, in particolare i bambini. Quando i miei figli erano piccoli, per esempio, e a maggior ragione quando mi sono ritrovata a crescerli da sola, io posi limiti ben precisi a ciò che avevano il permesso di fare. So quant'è difficile, ma potresti scoprire che la massima dimostrazione d'affetto nei confronti dei tuoi figli è un «no». È nostro dovere di genitori garantire l'incolumità dei bambini. Ed è nella natura dei bambini mettere alla prova le regole. Non c'è niente di male in questo, purché si impari a dire no senza rabbia o senso di colpa. Data la nostra tendenza ad attribuire alle parole una narrazione che va oltre il loro significato, in certi casi bisognerà chiarire che «no» non significa che qualcuno non ci ama o ci ama di meno. Il suo significato è ben più pratico e legato alle circostanze date: «No, non è il momento»; «No, adesso non mi sento pronta»; o anche semplicemente: «No», punto.

L'amore di sé non è narcisismo; al contrario, comporta per sua natura l'attenzione verso gli altri. L'altruismo rende più felici e la felicità rende più altruisti.

Sappiamo tutti che amare qualcuno ci rende vulnerabili al dolore, e che le relazioni finiscono. Può accadere perché la persona amata viene a mancare oppure perché la relazione non funziona. Io ho seguito il consiglio della psicologa Brené Brown, aprendomi al rischio di soffrire e innamorandomi di nuovo. Purtroppo tra noi non andava, e ancora una volta mi si è spezzato il cuore. Non è facile riprendersi da una separazione perché, come abbiamo visto, è nella natura del nostro cervello rimuginare gli stessi pensieri, come un criceto sulla ruota. Magari continuiamo a chiederci: «Perché lui/lei si è comportato così?», «Perché non è cambiato?», «Che cosa avrei potuto fare di diverso?», «Se mi avesse amato abbastanza, non avrebbe fatto questo o quello…». O magari non riusciamo a smettere di pensare a chi non ci ha amato come avremmo voluto, oppure ci ha lasciato. In casi come questi, le parole chiave sono «per ora»: «Non riesco a smettere di pensarci… *per ora*». È un piccolo riorientamento che ci restituisce il senso delle proporzioni, perché chiarisce alla nostra mente che *un giorno* accadrà. E disattiva gli inneschi del pensiero ripetitivo.

Forse al momento non hai una relazione sentimentale, e soffri di solitudine. Ricorda che imparando ad amarti, ti aprirai ad altri rapporti affettivi importanti. Infine, due osservazioni cruciali: primo, l'amore potrebbe tornare nella tua vita quando meno te l'aspetti; e secondo, si ama anche da single.

Prendendo le distanze dal dolore, dalla delusione, e dal chiacchiericcio negativo del tuo cervello, crei lo spazio necessario alle cose positive, amore compreso. E anche lavorare sull'autostima contribuisce a rafforzare i rapporti, permettendoci di capire chi siamo davvero e infondendoci un maggior senso di appartenenza.

Sta a noi decidere come manifestare l'amore, e prendere coscienza di questo potere è una sensazione magnifica, a maggior ragione quando stiamo vivendo gli strascichi di eventi che sfuggono al nostro controllo.

Suggerimenti pratici

1. A partire da questa nuova visione dell'amore, identifica le persone che ami fuori dalla tua cerchia famigliare. Come ti senti in loro compagnia? Quali aspetti della tua identità vengono potenziati dalla loro presenza?
2. Se vuoi allargare la tua rete sociale, iscriviti a un club dove si fanno attività che ti piacciono o a un corso su un argomento che vorresti approfondire. Fa' volontariato. Frequenta luoghi diversi dal solito per incontrare nuove persone.
3. Coltiva i rapporti sul lavoro. Dedica tempo alle persone, e pratica l'ascolto attivo, che significa ascoltare davvero ciò che l'altro ha da dire, invece di limitarsi ad aspettare che abbia finito per dire la tua. Evita i pettegolezzi. Rispetta lo spazio personale, tuo e altrui, mantieni gli impegni, e ringrazia.

9

IL PERDONO
È UN SUPERPOTERE!

> *«I deboli non sanno perdonare.*
> *Il perdono è prerogativa dei forti.»*
> *Mahatma Gandhi*

Chissà perché, ma a volte le cose più belle sono anche le più difficili. Forse è perché la crescita si realizza attraverso l'attrito e lo sforzo, come quando ci alleniamo nella corsa, e i nostri muscoli si rafforzano con ogni falcata. Liberarci della rabbia e del risentimento può essere un'impresa, soprattutto quando abbiamo subito una grave ingiustizia. La violazione di fiducia ci fa sentire esposti, vulnerabili. Tuttavia, ben poche cose al mondo generano un senso di sollievo e libertà e aprono spazio al positivo quanto il perdono. Il perdono ci rende più forti, fisicamente ed emotivamente. I fattori che contribuiscono a creare circostanze favorevoli alla felicità sono molti. Ma forse il perdono è il più efficace in assoluto.

Ma che cos'è, di preciso?

Perdonare non significa dimenticare o condonare il male che ci è stato fatto, ma rinunciare al risentimento e alla rabbia che ne derivano.[1] Secondo un esperto in materia, il dottor Fred Luskin, direttore dei Forgiveness Projects dell'Università di Stanford, perdonando «evadiamo dalla prigione che ci siamo costruiti da soli. [...] Il rancore sovverte l'equilibrio di mente e corpo. Dunque conferisce a chi ci ha feriti un potere enorme su di noi. Può sembrare un paradosso, ma perdonando ci riappropriamo di quel potere».[2]

Il perdono consiste nel distogliere il focus dell'attenzione dall'offesa che abbiamo subito per riportarlo su di noi. Il concetto è cruciale: perdoniamo *per noi stessi*. Non stiamo giustificando l'altro, o lasciando correre. Il perdono è uno dei momenti della vita in cui il protagonista sei tu. A me è capitato spesso di perdonare chi mi aveva ferita. Rifletti su questo: la persona che ti ha fatto del male magari non stava affatto pensando a te, oppure non credeva di ferirti: può averlo fatto involontariamente o per semplice disattenzione; o magari adesso è mancata. Se non la perdoni, continuerà a occupare gratis uno spazio prezioso dentro la tua testa. Insistere nel rimuginarci offusca la tua lucidità e riduce il tuo benessere. Peggio ancora, quella persona potrebbe condizionare anche la felicità dei tuoi cari, perché ciò che ti ha fatto continua ad avere un impatto su di te. Non riesco a immaginare motivo migliore per praticare il perdono. Ricorda: «Il perdono non può cambiare il passato, però trasforma il presente».[3]

A volte io mi sono rifiutata di perdonare perché l'offesa mi sembrava troppo grande. Pensavo che il perdono equivalesse a sminuirla. Finché ho scoperto che a ridursi era soltanto il dolore: dopo il perdono, soffrivo di meno. Ma i benefici non finiscono qui. Il perdono aiuta a gestire lo stress,[4] contribuisce alla salute mentale, «riduce il rischio complessivo di mortalità» e interrompe il circolo vizioso dei pensieri ripetitivi.[5] Spezza la catena che ci tiene legati alla persona che ci ha fatto del male o ci ha delusi.

Come molti altri fattori che favoriscono la felicità, il perdono richiede impegno e fatica, ma ne vale la pena, perché il ritorno sull'investimento è significativo, con effetti positivi non soltanto su di te ma anche sui tuoi famigliari e colleghi. È una forma di guarigione, che permette al tempo di lenire i nostri ricordi. Per questo è un superpotere.

Liberandoci dell'amarezza e del risentimento otteniamo in cambio un senso di pace e autonomia, e questo è magnifico, perché le offese più profonde ci fanno sentire inermi e vittimizzati. Forse nel corso della tua vita sei stato vittima di eventi inaccettabili – da bambino, da adulto, o in entrambi i casi. Magari si è trattato di comportamenti impossibili da dimenticare o razionalizzare. E in quel caso potrebbe essere utile concentrarti sul dolore che provi, perché può spingerti ad agire, stabilendo confini che proteggano la tua incolumità fisica o mentale. Un esempio potrebbe essere la decisione di interrompere un rapporto tossico, sentimentale o lavorativo. Essere consapevoli della nostra sofferenza è essenziale per prendere le misure necessarie a tornare integri. In questo la rabbia può rivelarsi molto utile, come stimolo a lasciarci alle spalle una situazione di abusi. Solo quando saremo di nuovo al sicuro potremo avviare il processo del perdono.

Il perdono richiede impegno e fatica,
ma ne vale la pena, perché il ritorno
sull'investimento è significativo.

Dunque sì, a volte il dolore è utile, ma arriva il momento in cui la decisione più sana è liberarci del passato, e il perdono è un modo per riuscirci. Abbiamo tutti la tendenza a restare impantanati nelle esperienze negative che ci sono capitate, ma se smettiamo di identificarci come vittime, acquisiamo il potere di guarire e di passare oltre, per dedicarci a qualcosa di meglio – la bellezza, la scoperta, la creatività, la gratitudine, la compassione, i rapporti appaganti, la gentilezza, l'amore: in breve, la felicità. Sappiamo che il passato non si cambia, ma con la pratica è possibile modificare la nostra reazione agli eventi. Il perdono aiuta a liberarci del passato, a vivere un presente migliore e a pianificare un futuro in cui potremo riscrivere la nostra storia.

Abbiamo tutti la tendenza a restare impantanati nelle esperienze negative che ci sono capitate, ma se smettiamo di identificarci come vittime, acquisiamo il potere di guarire e di passare oltre.

Perdonare non significa riconciliarsi, condonare il male che ci è stato fatto o rivedere la persona che ci ha feriti. Non siamo tenuti neanche a dirglielo: possiamo perdonarla nel nostro cuore, o scriverle una lettera che non spediremo mai. In questo modo lasciamo andare il dolore. Io ho un lungo elenco di persone che ho deciso di perdonare, e una sola di loro aveva chiesto il mio perdono. Ed è vero che se l'altro chiede scusa diventa più facile appianare le cose, ma se anche non accade gli esiti e i benefici del perdono restano inalterati.

Le offese che abbiamo subito possono essere grandi o piccole. Io ho perdonato una persona che credevo la mia più grande alleata, e che invece mi ha tradita. Ho scelto di perdonare i medici che avevano commesso un errore, compresa la diagnosi sbagliata che ha portato alla morte di mio marito. Ho deciso di perdonare i miei suoceri di non essere stati presenti al funerale di Ricardo. Ne soffro ancora adesso, mentre ne scrivo, e non credo che arriverò mai a capire quel loro gesto, ma è anche vero che – grazie al cielo – io non so che cosa si prova a perdere un figlio. In vario modo, ho scelto di avere compassione per tutte queste persone, e questo mi ha resa più felice, perché non covo più rancore nei loro confronti. Ho impiegato parecchi anni ad arrivare a questo traguardo, ma è sorprendente quanto ci si sente meglio dopo aver perdonato qualcuno: è come se la cappa buia che oscurava la nostra vita si fosse dissipata, permettendoci di ritrovare il nostro senso di autonomia e appagamento. Il perdono è libertà. Io ne ho ricavato un'incredibile iniezione di energia, un grande senso di indipendenza e la capacità di accogliere nuove opportunità. Magari le avevo già davanti agli occhi ma io non riuscivo a vederle, perché il mio sguardo era offuscato dal senso di offesa, di oltraggio e di ingiustizia. Rimuginavo sul fatto che era tutta colpa di quelle persone – vero – e su quanto avessero agito male – vero anche questo. Ma continuare a pensarci riportava a galla la rabbia, la delusione e il risentimento, e io ottenevo solo di stare peggio. Finché ho deciso di perdonare. Ho dovuto provarci più volte prima di riuscirci davvero, imparando a lasciare andare e passare oltre, ma quando è accaduto ho pensato: «*Wow!* Adesso tutta la potente energia che prima investivo su quella persona posso usarla per me!». Ho messo a frutto quel rinnovato senso di ottimismo, di forza e vitalità per diffondere il movimento globale della felicità a nuove regioni del mondo. E le persone che mi hanno ferita non abitano più dentro la mia testa.

Il perdono è libertà. Io ne ho ricavato
un'incredibile iniezione di energia,
un grande senso di indipendenza e la capacità
di accogliere nuove opportunità.

Uno dei motivi per cui mi sono appassionata alla promozione della scienza della felicità è la quantità e diversità di benefici che derivano, per noi stessi e per gli altri, dalla pratica dei suoi modi di essere, tra cui il perdono. Può sembrare una magia, ma non lo è. È scienza. In parte sono comportamenti intuitivi, ma la ricerca dimostra che hanno basi concrete, ed è questo a renderli così straordinariamente efficaci.

E cosa fare quando la persona che dobbiamo perdonare siamo noi stessi? In quel caso siamo sia il prigioniero sia il carceriere. Per uscirne possiamo fare ricorso alla compassione di sé. Certo, è una sfida, e posso dirlo per esperienza. Non è facile accettare che abbiamo fatto del nostro meglio in base alle informazioni di cui disponevamo al momento. Io ho dovuto perdonare me stessa per una lunga relazione con la persona sbagliata. Per un po' ho rimuginato sul perché avessi permesso che durasse tanto, mi sono vergognata di me, ma infine ho deciso di concedermi la stessa empatia che ho per gli altri, di perdonarmi e passare oltre.

E cosa fare quando la persona che dobbiamo perdonare siamo noi stessi? In quel caso siamo sia il prigioniero sia il carceriere. Per uscirne possiamo fare ricorso alla compassione di sé.

A volte siamo noi a ferire qualcuno, e ci sentiamo in colpa. Anche in questo caso, la compassione di sé e l'empatia sono cruciali. Possiamo sviluppare questi modi di essere imparando a chiedere scusa. È un modo per assumerci la responsabilità delle nostre azioni e delle loro conseguenze. È l'altra faccia del perdono. Riflettendo sull'impatto dei nostri errori, accettandone la responsabilità e chiedendo scusa, non soltanto potremmo ottenere il perdono ma diventiamo a nostra volta più bravi a perdonare. In altre parole, chiedere scusa facilita il processo del perdono. Ma in questa come in tante altre cose, esiste un modo giusto e un modo sbagliato. Per esempio, se chiedendo scusa attribuiamo la colpa all'altro, stiamo solo aggiungendo la beffa al danno. Affinché la nostra richiesta di perdono sia accettabile servono quattro elementi: dobbiamo riconoscere la nostra colpa, dare una spiegazione, esprimere rimorso e offrire una riparazione.[6] Ecco il caso di una mia conoscente, che senza volerlo aveva offeso un'amica. Nell'organizzare una cena aveva trascurato di invitare la sua amica, che invece ci avrebbe tenuto molto a partecipare ed era rimasta malissimo di essere stata esclusa. La mia conoscente ci ha riflettuto. Si è domandata: «Perché mi sono comportata così?». E si è resa conto che il motivo era meschino: aggiungere un'altra coppia avrebbe significato più lavoro per lei, e in sei a tavola sarebbero stati scomodi. Ha capito di avere messo la comodità davanti ai sentimenti della sua amica. Così le ha telefonato, le ha espresso il suo rimorso, le ha spiegato che l'indomani si era sentita molto in colpa e dispiaciuta. E ha offerto una riparazione, invitando l'amica a una festa qualche giorno dopo. L'amica ha accettato sia le sue scuse sia l'invito. E il loro rapporto ne è uscito rafforzato. Chiedere scusa è un ottimo modo per dimostrare a una persona quanto è importante per noi.

Quand'è il momento giusto per il perdono? La tempistica è soggettiva, e dipende da te: scava a fondo nel tuo cuore e troverai la risposta. Se ancora non ti senti pronto a perdonare, è tuo diritto prenderti tutto il tempo necessario, ma sempre tenendo a mente che in quel caso l'amarezza continua ad accumularsi, derubandoci del nostro benessere e aggravando offese magari vecchie di anni. E può esercitare un impatto negativo anche sui rapporti del presente, oltre a esacerbare depressione e ansia. Il mancato perdono restringe il nostro margine di scelta, mentre il perdono espande le opportunità. Impantanati in un'offesa del passato, sprechiamo energie preziose a rimuginarci, togliendole a noi stessi e magari aggravando la situazione.

È un po' come trovarsi in aereo, pronti ad atterrare, e dalla cabina di pilotaggio arriva l'annuncio che bisogna aspettare perché non ci sono piste libere. L'apparecchio si mette a volare in tondo sopra l'aeroporto, le noccioline sono finite e il personale di bordo non sembra avere nuove informazioni. Perciò anche i tuoi pensieri cominciano a girare a vuoto: non sarà per caso un guasto meccanico? Non sarà successo qualcosa di grave? Ormai mancava così poco, e tu sei impaziente di rivedere i parenti e gli amici che ti aspettano – di riprendere la tua vita. Invece ti tocca aspettare.

Il perdono interrompe lo standby, permettendoti finalmente di arrivare a destinazione e di tornare a casa. Se non sai da dove cominciare, nessun problema: puoi imparare ed esercitarti. Provarci e riprovarci finché ci riesci. Il fatto stesso che tu voglia perdonare significa che sei già a metà strada. E ti sorprenderai dei doni che derivano – per te stesso e per gli altri – dalla capacità di lasciar andare.

Suggerimenti pratici

Quando ti sentirai pronto, perdona. Ecco come, secondo le indicazioni del dottor Fred Luskin:[7]

1. «Porta in chiaro con te stesso le emozioni provocate dall'evento, e trova le parole per esprimere i motivi per cui l'hai vissuto come un'ingiustizia. Poi parla dell'accaduto con una o due persone fidate.» Questo è forse il passo più doloroso, perché ammettere ciò che ti è successo significa riviverne da capo la sofferenza.
2. Prenditi l'impegno di guarire. In che modo? Per esempio, ponendo un limite di tempo oltre il quale devi smettere di rimuginare.
3. Non sei tenuto a riconciliarti con chi ti ha ferito. «Il perdono serve a trovare la serenità e la comprensione che derivano dal fatto di incolpare meno chi ci ha feriti e a prendere le offese in modo meno personale.» Accetta il fatto che a volte qualcuno ci ferisce per motivi che non hanno nulla a che fare con noi.
4. «Cambia la prospettiva: riconosci che la sofferenza deriva principalmente dal tuo senso di ingiustizia, dai tuoi pensieri e dal malessere che provi, non da ciò che ti ha offeso.»
5. Accetta il fatto che le emozioni sono transitorie. «Quando l'agitazione rischia di sopraffarti, ricorri a pratiche di gestione dello stress per disattivare la modalità fisica di *combatti o fuggi*.» Fa' una passeggiata o una seduta di meditazione, va' a correre, fa' yoga, scrivi nel tuo diario, eccetera.

6. «Rinuncia a pretendere dalla vita o dalle persone ciò che non ti danno di loro iniziativa.»
7. «Investi le tue energie nella ricerca di una via per raggiungere i tuoi obiettivi positivi che sia diversa dall'esperienza che ti ha ferito.» Concentrati su ciò che hai invece che su ciò che ti manca.
8. Concentrati su te stesso. «Ricorda che una vita ben vissuta è la miglior vendetta.»
9. «Riorienta la tua visione del passato, rammentando a te stesso quanto è stata eroica la tua scelta di perdonare.» Gandhi aveva ragione: il perdono è una grande dimostrazione di forza.

10

UN LASCITO DI GENTILEZZA

«I rapporti interpersonali costituiscono da soli il fattore in assoluto più importante per la sopravvivenza dell'Homo sapiens.»
Ellen Berscheid

Data la premessa scientifica della citazione riportata qui sopra, è evidente che essere gentili conviene.

Niente potrebbe migliorare la nostra vita privata e lavorativa quanto la gentilezza. Possiamo definirla «amore in azione». Non soltanto è un magnifico modo di essere, capace di rafforzare in misura straordinaria i nostri rapporti sociali; è anche uno degli strumenti più efficaci a nostra disposizione per potenziare la salute fisica, il benessere e la felicità. È sempre possibile scegliere la gentilezza, sia con noi stessi sia con gli altri. È un'arte che si può coltivare e – come la felicità – tende a essere contagiosa, diffondendo in un raggio progressivamente più ampio i suoi benefici. E a sua volta produce un circolo virtuoso: le persone gentili sono più felici, e le persone felici sono più gentili.[1] È nella nostra natura sentirci bene quando trattiamo bene gli altri. Le persone sono importanti.

E l'attribuzione di importanza è una componente chiave della gentilezza. Io l'ho imparato dal professor Isaac Prilleltensky, un illustre psicologo ed esperto in materia. Lui definisce il concetto come un costrutto multidimensionale, che consiste nella percezione personale di valore e nell'attribuzione di valore riconosciuta agli altri. Sentirsi importanti è un prerequisito del benessere interiore, e comprende il senso di riconoscimento, di comprensione, di affetto e di appartenenza. Dare valore al prossimo equivale a riconoscergli significato, e il senso personale di significato impatta sulla realtà, dando maggiore efficacia al nostro agire.[2] Il senso del valore personale comprende anche l'amore, ma non necessariamente. Possiamo sentirci apprezzati anche dai colleghi di lavoro – preziosi ma non per questo amati nel senso stretto del termine.

È nella nostra natura sentirci bene
quando trattiamo bene gli altri.
Le persone sono importanti.

È una sensazione vitale. Aspiriamo tutti a sentirci valorizzati, apprezzati, accettati. Ma a volte ci concentriamo solo sul valore che ci attribuiscono gli altri. Mentre il lato dell'equazione che più mi affascina, e che ha rivoluzionato la mia prospettiva, è quello opposto: per un benessere ottimale, dobbiamo avere *noi stessi* la percezione del nostro valore. Abbiamo un bisogno innato di dare un contributo alla comunità, e di generare valore percepito dagli altri attraverso le nostre azioni. È un aspetto molto potente, perché ci dà un senso di partecipazione, di padronanza e di autodeterminazione. E quando quel bisogno è soddisfatto, noi ci sentiamo bene. È un altro esempio dei meccanismi di feedback positivo della nostra biologia. L'attribuzione di importanza può anche migliorare la partecipazione e la performance sul posto di lavoro, e ridurre il rischio di esaurimento.[3] La gentilezza e l'attribuzione di valore hanno impatti positivi così rilevanti che, secondo la dottoressa Kelli Harding, una specialista della Columbia University, tutti i manuali di formazione aziendale utilizzati dai dipartimenti di risorse umane si potrebbero semplicemente riassumere in due parole: *siate gentili.*

Per un benessere ottimale,
dobbiamo avere *noi stessi* la percezione
del nostro valore.

Nella mia esperienza, l'empatia, la gentilezza e l'attribuzione di valore migliorano ogni interazione. Non sempre è facile, però funziona. Noi ne traiamo un senso di benessere, e riusciamo a volgere la situazione in positivo, aprendo uno spazio all'affetto, alla gratitudine, al perdono e alla felicità. Per esempio trattando bene una persona che non ci è particolarmente simpatica, oppure rivolgendo una parola garbata alla cassiera dopo una lunga fila al supermercato.

Beninteso, la gentilezza non va confusa con la sottomissione a comportamenti inaccettabili, la passività rispetto a situazioni spiacevoli o la tendenza a dare sempre ragione agli altri. «Essere gentili richiede coraggio. Significa sostenere in modo impavido le difficoltà, non subirle o accettarle passivamente.»[4]

È anche curioso che la gentilezza venga classificata come un attributo «soft» – una competenza che descrive il nostro modo di operare e relazionarci agli altri sul lavoro, ma non una competenza tecnica vera e propria. Mentre in realtà si tratta di uno strumento molto potente, un modo di essere straordinariamente efficace, con molteplici ricadute positive sia sul mittente sia sul destinatario. La ricerca sull'epigenetica – «lo studio di come comportamenti e ambiente possono determinare cambiamenti nell'espressione dei geni»[5] – e sui telomeri, le parti delle cellule umane che condizionano il processo di invecchiamento, sta scoprendo che le azioni gentili possono persino cambiare la nostra fisiologia.[6] Per esempio, il nostro cervello può essere modificato dalla secrezione di ormoni del benessere e sperimentiamo anche cambiamenti fisici dal rilascio delle endorfine, il nostro antidolorifico naturale. È importante sottolineare che essere gentili non solo migliora la qualità della nostra vita, ma estende anche la sua durata, e relazionarsi con gli altri in modo positivo migliora il nostro sistema immunitario.[7] Non è straordinario? Esserne consapevoli non può che potenziare il nostro senso di efficacia sulla qualità della nostra vita. Significa che possiamo davvero fare qualcosa per cambiare le nostre percezioni. Non siamo costretti a limitare il nostro ruolo alla semplice reazione all'agire degli altri. Possiamo essere proattivi, creando noi stessi la vita che vogliamo.

Le persone contano, e mio marito era bravissimo a dimostrarlo: per lui la cura degli altri era una seconda natura. Era uno degli uomini più buoni e gentili che abbia mai conosciuto. Dopo la sua morte, ho ricevuto decine di lettere da persone che Ricardo aveva aiutato in mille modi – sconosciuti incontrati per caso oppure pazienti cui aveva prestato attenzioni quotidiane. Sapeva fare amicizia con chiunque. Era sinceramente interessato al prossimo: ascoltava le persone, faceva mille domande sulle loro vite. Magari durante un viaggio di lavoro incontrava qualcuno in aereo, scopriva che un membro della sua famiglia era malato e, essendo un medico, suggeriva trattamenti più efficaci. Ma senza mai salire in cattedra. Gli veniva spontaneo essere gentile. La cura degli altri era la sua vocazione, e il suo modo di essere felice. Era un *gentil*uomo, e grazie al suo esempio anche i nostri figli sono cresciuti così. Io la considero la sua vera eredità: un lascito di gentilezza, e uno dei principali motivi per cui ho deciso di fare della gentilezza una colonna portante di WOHASU. Tutte le mie conferenze trattano i benefici della gentilezza, e i nostri Summit comprendono sempre una sezione dedicata a quest'ambito. E, ancora nel mio lavoro, mi impegno attivamente ad avviare collaborazioni con persone e organizzazioni ispirate al medesimo principio.

Anche nella vita privata ho sperimentato spesso gli straordinari benefici della gentilezza – sia dimostrata sia ricevuta. È un volano di felicità, e ha avuto un significativo impatto positivo sulla mia quotidianità e i miei rapporti interpersonali. Mia sorella, per esempio, è sempre stata una persona gentile, ma la generosità e la compassione che mi ha dimostrato dopo la morte di mio marito sono state un salvavita. Ha dormito nel mio letto per quattro mesi filati, affinché non mi sentissi sola. La sua presenza mi ha fatta sentire protetta, compresa e amata. Mi ha offerto un porto sicuro nella tempesta delle mie emozioni. Sono grata anche a mio fratello per essersi occupato dell'organizzazione del funerale. Non è un compito facile, e nessuno vorrebbe mai doversene occupare. Lui invece si è subito fatto avanti, e ha svolto tutto con sollecitudine e attenzione. Il suo sostegno mi ha dato la forza di cui avevo bisogno. Ho ricevuto una potente dimostrazione di comprensione anche da una buona amica che aveva perso il marito esattamente un anno prima. È riuscita a mettere da parte il proprio lutto per dedicarsi a me, venendo a trovarmi ogni giorno dopo la morte di Ricardo, dicendomi che anch'io sarei sopravvissuta e avrei ritrovato la mia strada.

Poter contare su persone che credono in noi, e che lo dimostrano nei momenti in cui siamo in maggiore difficoltà, quando noi stessi ci sentiamo incapaci di uscirne, può davvero rimetterci in binario. Ho anche ricevuto il sostegno dei soci, gli oratori e i volontari che hanno collaborato con me alle varie edizioni del World Happiness Summit – aiutandomi a organizzare i viaggi, a reperire gli sponsor, a scegliere le sedi, a definire l'impostazione del convegno o partecipando allo scambio di idee. Un esempio per tutti: un anno Maria Loi, una chef di grande talento e una donna di immensa generosità, ha chiuso al pubblico il suo ristorante di Manhattan per ospitare cinquanta esperti e fautori della felicità, aiutandoci a diffondere il nostro messaggio.

Un altro memorabile atto di gentilezza che ho ricevuto ha assunto la forma di un dono natalizio. Ho sempre amato il periodo di Natale, che oggi mi trasmette un misto di gioia e malinconia. E tengo soprattutto a scegliere e decorare l'albero insieme alla mia famiglia – un momento al tempo stesso felice e dolcemente nostalgico. Ma alla fine del 2022 ho dovuto trattenermi in Italia fino a dicembre inoltrato per preparare l'edizione 2023 di WOHASU sul lago di Como, e quando finalmente sono tornata, pochi giorni prima di Natale, ho scoperto che i miei figli si erano incaricati di comprare l'albero, e che la signora che mi aiuta con la gestione domestica l'aveva decorato, per permettermi di godere le emozioni di una festività in famiglia appena rimesso piede in casa. Ho ricevuto troppe gentilezze nel corso degli anni per elencarle tutte, ma ciascuna ha avuto un impatto significativo sul mio successo e la mia felicità, e di questo sono profondamente grata.

Certo, a volte essere gentili richiede impegno. Magari pensiamo: «Perché dovrei sforzarmi di essere gentile con la cassiera del supermercato, quando in fondo sta solo facendo il suo lavoro?». Ebbene, la chiave che fa sprigionare la gentilezza e ci permette di manifestarla è l'empatia. Consiste nel mettersi nei panni del prossimo, e nell'assumere la sua prospettiva o il suo punto di vista. Magari quella cassiera ha avuto un lungo turno di lavoro, e adesso è stanca: perché non rivolgerle almeno un sorriso e un «grazie»? Non potremo mai sapere che cosa sta accadendo nella vita di un'altra persona, e un gesto gentile può fare la differenza e cambiare tonalità alla sua giornata, rendendola migliore.

L'empatia ci rende più comprensivi e attenti, ed è la base di una socievolezza spontanea, non forzata.[8] E possiamo potenziarla concentrandoci sui valori condivisi con gli altri, e creando significato dalle esperienze che ci accomunano. Abbiamo tutti la propensione a concentrarci sulle differenze: perché non impegnarci invece a ricercare le somiglianze? «I rapporti umani solidi e positivi non capitano per caso: si costruiscono attivamente con pratiche positive.»[9] In altre parole, possiamo imparare a crearci un mondo di affetti.

Non potremo mai sapere che cosa sta accadendo
nella vita di un'altra persona,
e un gesto gentile può fare la differenza.

Una gentilezza nei confronti di famigliari e amici ci riempie il cuore e ci risolleva l'umore, grazie al rilascio degli ormoni «dell'amore» e alla reazione positiva che suscitiamo nell'altro.[10] Agire e pensare con gentilezza nelle situazioni o con le persone che non amiamo particolarmente è una pratica trascendentale. Ci eleva al di sopra del disagio e ci rende una versione migliore di noi stessi. E, come nel perdono, c'è qualcosa di liberatorio nella gentilezza, soprattutto quando richiede uno sforzo. Non è facile essere gentili con qualcuno quando siamo arrabbiati, e in quel caso potrebbe essere d'aiuto fare qualche respiro profondo, per ritrovare il nostro equilibrio interiore e disinnescare la modalità da *combatti o fuggi*. A volte la scelta migliore è tacere (in particolare se le parole che ci verrebbero più spontanee sono sgradevoli). Una volta ritrovato lo stato d'animo giusto per elaborare le nostre emozioni, potremo valutare le alternative a nostra disposizione. Magari d'istinto saremmo scattati sulla difensiva, perché ci sentiamo stanchi o nervosi, oppure indeboliti da un banale calo di zuccheri; un esercizio di respirazione ci restituirà la calma necessaria a scegliere un'altra strada. Rammentandoci i benefici della gentilezza potremo decidere di adottare un atteggiamento non polemico. Come abbiamo visto, impegnarci in comportamenti positivi nelle situazioni difficili è un'importante occasione di crescita. Potrà farci sentire meglio sul momento oppure più avanti nel tempo, come un regalo che arriva a sorpresa, con il suo portato di libertà, leggerezza e soddisfazione. È un'esperienza che mi è capitata spesso con i miei figli. Se durante uno scambio difficile evitavo di reagire d'impulso, prendendomi invece il tempo di riflettere e scegliendo di comportarmi con gentilezza, non soltanto miglioravo la comunicazione con loro, ma mi sentivo anche orgogliosa di me (invece che in colpa per una parola sbagliata detta nella foga del momento).

Ci sentiamo sempre più felici quando abbiamo agito con gentilezza.

Ma nell'esplorare i mille modi in cui possiamo dimostrare gentilezza agli altri, non dimentichiamo di riservarne anche a noi stessi. È una parte della cura e dell'amore di sé che abbiamo analizzato nel Capitolo 8. Prova a immaginare te stesso come il tuo migliore amico o un alleato fidato: è un esercizio che a me è servito moltissimo. In passato, quando commettevo un errore, cominciavo a ripetermi: «Che stupida che sono stata, che stupida, che stupida» (e così via, all'infinito). Il risultato era che mi sentivo anche peggio, e che un episodio magari irrilevante assumeva un'importanza enorme ai miei occhi. Adesso mi dico: «Okay, ho commesso un errore: quale lezione potrei trarne?». E se mi accorgo che comincio a darmi della stupida mi chiedo: «Sono io a essere stupida o più semplicemente, in quel momento, non avevo informazioni sufficienti per fare la cosa giusta?».

Per qualche motivo – forse qualcosa che ha radici nella nostra infanzia – a volte ci sentiamo in dovere di punirci, mentre nessuno sente il bisogno di punire un amico. Usa questa inclinazione a tuo vantaggio, interiorizzando una tendenza spontanea e mettendola in atto anche per te.

Vedendoti come un amico sarai meno severo nel giudicarti e sprecherai meno energia in sensi di colpa, riservandone di più al compito di rimediare all'errore. In aggiunta, migliorerai la comunicazione con gli altri, perché il rapporto che abbiamo con noi stessi è la base del nostro modo di relazionarci al mondo.

Ed ecco un altro buon motivo per investire in gentilezza: dati i suoi effetti positivi nel miglioramento e ampliamento della nostra rete sociale, sarà anche un potente antidoto all'isolamento. E questo è di importanza fondamentale, perché l'isolamento incide negativamente sul nostro stato di salute, ed è una condizione sempre più diffusa nella società attuale.

A volte stare soli può esserci utile, offrendoci lo spazio di cui abbiamo bisogno per riflettere e recuperare. L'isolamento invece è sempre negativo, con effetti che possono essere gravi quanto fumare quindici sigarette al giorno, mangiare o bere troppo.[11] Anzi, secondo Vivek Murthy, ministro della Sanità americano, «i rapporti umani sono essenziali al nostro benessere quanto il cibo e l'acqua».[12]

E gli atti di gentilezza sono una via efficacissima per contrastare l'isolamento. Possiamo fare compagnia a un collega rimasto solo a pranzo, chiedere a qualcuno della sua giornata, sorridere a un passante o invitare al cinema un amico che ha vissuto un lutto recente.

Nel periodo più duro seguito alla morte di mio marito, per me è stato vitale poter contare su una cerchia di amici che mi invitavano a cena o a una spedizione di shopping, trattandomi da persona «normale». La nostra società giudica la solitudine con una certa dose di sospetto, perciò noi tendiamo a nasconderla. Io l'ho fatto, e mi capita ancora adesso. Il guaio è che se stiamo vivendo un lutto o attraversando un periodo di depressione, possiamo sentirci soli anche in una stanza piena di gente. Per uscirne, dobbiamo renderci conto che non c'è niente di male ad ammettere un disagio e a chiedere aiuto. Noi tutti rifuggiamo le persone in difficoltà emotiva, aggravandone l'isolamento, mentre possiamo accogliere il loro disagio, dimostrando che a volte è naturale sentirsi in imbarazzo o impacciati. Non è facile affrontare situazioni nuove, ma è così che si cresce. Imparando insieme, e favorendo la comunicazione. «Dare e ricevere aiuto è uno dei modi più immediati e tangibili di creare intesa.»[13] È l'effetto della gentilezza.

Ci sentiamo sempre più felici
quando abbiamo agito con gentilezza.

Suggerimenti pratici

1. Ritualizza i tuoi rapporti, mettendo in calendario un evento mensile che ti offra l'opportunità di essere gentile. Per esempio facendo volontariato insieme a un amico, un collega o un parente.
2. Aggiungi la gentilezza alla dieta di famiglia. Insegna la gentilezza ai tuoi figli con l'esempio. Sorridi più spesso. Di' «per favore» e «grazie». Usa parole come «noi» e «nostro» per essere più inclusivo. È un buon modo per riorientare la prospettiva. Per esempio, invece di chiedere: «Che cosa vi va di fare questo weekend?», prova con: «Che cosa potremmo fare insieme questo weekend, che sia divertente per tutti?». I bambini ti seguiranno a ruota.
3. Esercitati a essere gentile con te stesso. Dedica qualche minuto a concentrarti sui tuoi punti di forza, usando affermazioni positive, come ad esempio: «Sono una persona che ha cura degli altri. Sono intelligente. So imparare. Ho avuto successo in passato e posso riuscirci di nuovo». Magari all'inizio ti sembrerà strano, ma potrebbe aiutarti ad avere più comprensione per i tuoi lati deboli. Nessuno di noi è perfetto. Prenditi il tempo di notare le tue buone qualità.

PARTE V

POTENZIARE LA SPIRITUALITÀ

Entrare in sintonia con l'armonia cosmica: spiritualità, significato, senso di scopo. «Non sono il centro dell'universo»

11

MEDITAZIONE, MINDFULNESS, SIGNIFICATO

> *«Il successo, come la felicità, non si può rincorrere. Deve emergere come il risultato involontario della devozione personale a uno scopo più grande di noi.»*
> *Mihály Csíkszentmihályi*

A volte la gente mi dice: «Quanto vorrei avere una vita come la tua!». Magari perché hanno visto le immagini che pubblico sui social network, e che in realtà sono soltanto un aspetto necessario del mio lavoro. Dimenticano che la mia vita è stata forgiata nel fuoco. Ho dovuto attraversare le fiamme per arrivare dove sono oggi, e ci sono riuscita traendo significato da ciò che mi era successo. Dietro ogni sorriso sincero nelle foto dei miei profili online ci sono fiumi di lacrime versati. Sia chiaro, sono profondamente grata di aver ripreso a sorridere, e di potermi davvero dire felice. Però ci vuole impegno.

Per esempio, ogni mattina, appena sveglia, non mi incollo più al cellulare, a leggere messaggi, notizie o e-mail, come facevo un tempo. Dedico la prima mezz'ora della giornata a leggere qualche capitolo di un libro di argomento spirituale o motivazionale, che mi permetta di ricalibrare il mio umore e di assumere l'atteggiamento mentale giusto per la giornata. Medito sulle mie responsabilità personali e professionali, rifletto sulle mie aspirazioni, auguro riconciliazione a chi mi ha ferita e serenità a chi l'ha persa, e prego che i miei figli siano sani, dentro e fuori, e trovino la loro strada.

Attingo il coraggio che mi serve dal fatto stesso di avere scelto una quotidianità piena di significato. E ci riesco perché ho imparato a esercitare il mio *muscolo* spirituale. Intendo la spiritualità come amore, compassione, dedizione al prossimo e a un fine più grande di me. La forza che ne traggo mi aiuta a realizzare la mia missione, cioè aiutare gli altri – su vasta scala – a prendere coscienza degli strumenti a loro disposizione, per incrementare la felicità e il benessere interiore.

Uno di questi strumenti è la mindfulness. In sostanza si tratta di praticare una consapevolezza non giudicante rispetto al momento presente. Guardando ogni esperienza senza giudicarla, ma accettandola così com'è. E senza divagare con la mente. I nostri pensieri viaggiano di continuo nel passato e nel futuro. La mindfulness ci insegna a restare nel *qui e ora*, ritrovando il radicamento ed evitando di rimuginare su quanto ci è successo ieri e di provare ansia per ciò che potrebbe accadere domani. Quante volte ci lasciamo ossessionare dal timore di interazioni o situazioni spiacevoli che *potrebbero* capitare, condannandoci a viverle come se fossero accadute davvero! Restando presenti nel momento possiamo arginare questa tendenza, e acquisire una prospettiva più lucida sulla realtà effettiva.

Per me è una pratica molto preziosa, soprattutto quando ho paura o mi sento nervosa. Concentrandomi sul mio respiro e sul terreno sotto i miei piedi, torno al presente, e ritrovo il mio equilibrio. E non è tutto. La mindfulness offre una quantità di benefici aggiuntivi, tutti scientificamente dimostrati, che comprendono l'alleviamento dell'ansia e della depressione, il distacco dalle emozioni e dai pensieri ripetitivi, un potenziamento della soglia di attenzione e di concentrazione, una migliore capacità di gestirsi nei contesti sociali e una più efficace regolazione emotiva del cervello.[1]

Concentrandomi sul mio respiro
e sul terreno sotto i miei piedi, torno al presente,
e ritrovo il mio equilibrio.

In quest'epoca così difficile, molte persone in ogni parte del mondo hanno avviato un processo di trasformazione attraverso la mindfulness, una pratica di meditazione che, secondo la scienza, ha il potenziale di cambiare in modo positivo il nostro cervello e il nostro sistema immunitario.[2] È un altro esempio del collegamento mente-corpo. Il nostro atteggiamento mentale e i pensieri ricorrenti incidono sui nostri corpi, potenziandone lo stato di salute oppure generando patologie. Dobbiamo ricordare che il benessere è ben più della semplice assenza di malattie. La meditazione, lo yoga e le altre pratiche di mindfulness lo potenziano, insegnandoci a restare nel presente.

Ovviamente ciascuno di noi ha un proprio concetto della spiritualità. Per esempio, io considero la preghiera come una forma di meditazione, e la sua pratica illumina la mia quotidianità in modi che io stessa non saprei descrivere. Posso solo dire che niente al mondo mi infonde lo stesso senso di quiete, lucidità e pace interiore. Medito anche con lo yoga, che pratico ogni giorno.

A molti – me compresa – lo stato meditativo appare elusivo, persino impossibile da raggiungere. Niente paura: in realtà è normale che sia così. La pratica dello yoga mi ha insegnato che è nella natura della mente divagare: non possiamo fermare i pensieri, ma possiamo esercitarci a tornare nel qui e ora. Attraverso la meditazione, addestriamo la mente a non perdersi nelle sue digressioni, insegnandole a non fissarsi sui pensieri che la attraversano ma a lasciarli scorrere, osservandoli con distacco, come foglie che galleggiano sull'acqua di un ruscello.

Quando ci sentiamo sopraffatti da un'ondata di pensieri o di emozioni, è estremamente utile rallentare il lavorio della mente concentrandoci su qualcosa di diverso – il respiro, il profumo di una candela, i suoni della natura. Una tecnica che io ho trovato molto utile consiste nel visualizzare la nostra vita attraverso un'immagine che per noi sia carica di significato, per esempio paragonandola a un giardino. Con pensieri e azioni, coltiviamo ogni giorno il giardino della nostra vita. I pensieri sono i semi, l'energia è l'aratro, e le esperienze quotidiane sono il raccolto. Possiamo scegliere cosa seminare ed estirpare le erbacce, ma affinché il nostro giardino diventi davvero rigoglioso dobbiamo soprattutto renderci conto che siamo noi il giardiniere. E come tutto il resto, anche la meditazione migliora con la pratica, diventando uno strumento sempre a portata di mano per migliorare la resilienza.

Con pensieri e azioni, coltiviamo
ogni giorno il giardino della nostra vita.

«Conservare la speranza è la cosa più importante quando siamo immersi nella tenebra.» A dirlo è Lucy Hone, una specialista australiana di psicologia positiva che ha perso la figlia in un tragico incidente stradale. Io trovo la mia speranza nel tempo che dedico ogni giorno alla meditazione, alla mindfulness e alla concentrazione su tutto ciò che dà significato alla mia vita. Quando serve, ciascuna di queste pratiche mi aiuta a placare la tempesta emotiva e a riorientare il pensiero in una direzione positiva, favorevole alla felicità. Mi danno la spinta necessaria a mantenere i miei impegni, perché la speranza è un motivatore essenziale all'azione. E il significato e il senso di scopo infondono speranza.

Secondo il professor Michael Steger, un'autorità in questo campo di studi, «una vita dotata di senso è un'esistenza che per noi ha significato e valore, che possiamo comprendere e abbracciare, e che ha uno scopo». Dunque il significato è un concetto molto vasto, che comprende il senso di scopo: un fine superiore e a lungo termine cui aspiriamo, senza necessariamente riuscire a realizzarlo. Il valore è nel viaggio, non nel traguardo. Risiede nell'«ambito motivazionale, orientato al futuro, e rappresenta l'elemento più tangibile e attivo del significato».[3]

Il mio rituale mattutino si conclude scrivendo su un diario le mie aspirazioni per la giornata. Rifletto sulle azioni che posso compiere per dare concretezza ai miei valori. In che modo potrei aiutare gli altri? Qual è la via migliore per diffondere queste conoscenze? Abbiamo tutti elenchi di cose da *fare* ogni giorno. Perché non creare anche una lista di modi di *essere*, decidendo quali atteggiamenti vogliamo adottare? È un ambito su cui possiamo esercitare il nostro pieno controllo. Per esempio: «Oggi voglio essere gentile e premurosa» oppure «Oggi voglio essere coraggiosa e curiosa». Sono *modi di essere* che si sviluppano con l'esercizio, e che ci permettono di vivere con consapevolezza, invece che limitarci a reagire alle circostanze. E senza consapevolezza rischiamo di non notare le opportunità che abbiamo davanti.

Allineando le nostre azioni ai nostri valori, ci creeremo una vita piena di significato e di senso e di scopo. Per me la spiritualità è questo.

Come ho già confidato, io ho trovato il mio scopo di vita quando ho scoperto la scienza della felicità, e mi sono resa conto di avere adottato d'istinto strumenti che di fatto hanno basi scientifiche. A quel punto ho capito quanto fosse importante diffondere queste conoscenze su larga scala. Dal 2016 ho investito il mio *tempo*, il mio *talento* e le mie *risorse* nell'organizzazione del World Happiness Summit, e nella promozione, attraverso WOHASU, di approcci in grado di potenziare il benessere in ogni ambito di vita. La mia missione è sensibilizzare le persone alla possibilità di una felicità sostenibile, di trasformare le aziende in organizzazioni positive, di passare da una cultura del «me» a una cultura del «noi» e, a livello nazionale, di andare oltre il PIL (prodotto interno lordo) come unico parametro di successo. I parametri – nella vita come nel lavoro – dovrebbero essere ben altri, perché oggi abbiamo la prova scientifica degli innumerevoli benefici che derivano dalla felicità. Ma affinché accada, serve una definizione universale della felicità.

Allineando le nostre azioni ai nostri valori,
ci creeremo una vita piena di significato
e di senso e di scopo.

Economisti illustri, come il professor Jan-Emmanuel De Neve, dell'università di Oxford, e Sir Richard Layard, della London School of Economics, stanno svolgendo ricerche fondamentali in questo campo. E, come Sir Richard, anch'io penso che «la società moderna ha un disperato bisogno di un concetto di bene comune, intorno al quale riunire gli sforzi dei suoi membri».[4] Per promuovere il dialogo sul benessere a livello nazionale, WOHASU ha organizzato tre forum governativi, chiamati H(happy)-20, per avviare un dibattito sull'importanza di includere l'economia del benessere e la scienza della felicità nei programmi dei governi. I nostri ospiti hanno incluso ex capi di Stato del Messico e del Costa Rica, oltre a ministri e ambasciatori di vari altri Paesi. È un aspetto del mio lavoro che mi entusiasma moltissimo, per il suo grande impatto potenziale: è davvero un'azione su larga scala.

Io ho scelto di non sprecare le mie energie a rimuginare i motivi che mi impediscono di fare qualcosa, per concentrarmi invece su come posso riuscirci. In passato non ero così. Ho acquisito questa nuova consapevolezza coltivando la felicità e crescendo dopo il trauma. Per essere più felici non bisogna perseguire la felicità ma i nostri traguardi.[5] Io, per esempio, mi concentro a pensare ai modi possibili di portare WOHASU a nuove regioni, come l'Europa; sui nuovi programmi che potremmo offrire o gli oratori migliori da invitare al prossimo Summit. Sono tutte attività che promuovono il mio senso di scopo, nella vita e nel lavoro. Grazie a una conversazione con l'esperto di studi sulla felicità, Tal Ben-Shahar, ho imparato che la scienza della felicità offre un'impostazione mentale che «rafforza il nostro sistema immunitario psicologico». E il mio lavoro mi ha resa più coraggiosa. In questo senso, a mio avviso, la scienza diventa spirituale, perché l'impostazione che offre ci permette di *sperimentarla* nella nostra quotidianità, di renderla presente e viva.

La psicologia positiva insegna che «le nostre azioni e i nostri schemi mentali informano il nostro modo di vedere il mondo».[6] Impegnandoci a adottare comportamenti che promuovono la socialità e schemi mentali di crescita impariamo a vedere che la felicità sostenibile è incentrata sia sul sé sia sul prossimo. In altre parole, è benefica per noi e ha molteplici impatti positivi sugli altri. Per questo è così importante prenderne coscienza e coltivarla. Io sono molto orgogliosa del duro lavoro svolto dalla nostra squadra per diffondere in cerchi concentrici la felicità e favorire l'evoluzione di WOHASU, da singolo evento a una comunità a un movimento vero e proprio.

Ho tratto un gran senso di significato dal mio lavoro. Ho dovuto lottare per trovare la felicità, per questo ne faccio tesoro. La considero così preziosa da aver scelto azioni come il perdono verso chi mi ha profondamente ferita, perché so che questo tipo di comportamento incrementa il mio benessere, e rappresenta uno dei pilastri che riempiono la mia vita di significato e mi rendono più felice. Perché la felicità non è vivere in uno stato perenne di esaltazione emotiva. Per me, è avere uno scopo; sperimentare lo stato di flusso; praticare la resilienza, la mindfulness e la gratitudine; essere gentili e utili agli altri; servire, accudire e perdonare il prossimo; parlare dal cuore e ascoltare. Sono tutti elementi costitutivi di una vita *buona*. Ed è questo che intendo quando parlo di felicità.

Suggerimenti pratici

1. Dedica un momento della tua giornata a una pratica contemplativa, come la meditazione, la preghiera, lo yoga o una passeggiata nella natura. Sperimenta varie modalità e scegli quella più adatta a te. Ricorda: non serve dedicare molto tempo alla pratica, però serve costanza. Come ti senti dopo? Prova a rifletterci tenendo un diario.
2. Esplora il tuo scopo di vita ponendoti obiettivi a lungo termine che per te siano importanti. Nel fissarti un traguardo, segui la tecnica SMART: per essere significativo, un obiettivo deve essere Specifico, Misurabile, Accessibile, Rilevante, e definito in base a una Tempistica. Avere un progetto aiuta a sviluppare il senso di scopo e di autonomia. Può anche contribuire alla capacità di concentrazione e di chiarezza mentale, e rappresentare uno stimolo all'azione. Una via per decidere il nostro traguardo consiste nell'entrare in sintonia con i nostri valori. Rifletti sulle tue convinzioni più profonde e interrogati sulle azioni che potrebbero influire positivamente sulla tua comunità. È attraverso questo tipo di riflessione orientata allo scopo che scopriamo cosa conta davvero per noi. Scrivi i tuoi obiettivi e assumili come impegno. Visualizzane il perseguimento futuro, così da tracciare il tuo corso d'azione, e sempre usando la tecnica SMART. Prendi nota dei piccoli successi lungo la strada.

12

GRATITUDINE

> *«Riconoscere quanto di buono è già presente*
> *nella nostra vita è il fondamento stesso*
> *dell'abbondanza.»*
> *Eckhart Tolle*

È pressoché impossibile sentirci grati e infelici allo stesso tempo. Sono due stati d'animo che si annullano a vicenda. Certo, per essere efficace, la gratitudine non può limitarsi a un atteggiamento o a un'intenzione: deve essere una pratica. È l'*atto* di gratitudine a incrementare la felicità. Scrivere un biglietto o un'e-mail di ringraziamento; annotare su un diario tutto ciò di cui siamo grati ogni giorno; o anche solo dire «grazie» con un sorriso, sono tutte azioni che determinano un cambiamento positivo. È c'è un vantaggio aggiuntivo: quando la esprimi a qualcuno, la gratitudine è benefica sia per te sia per l'altro. È un altro esempio di circolo virtuoso: un gesto che ha effetti positivi sia sul mittente sia sul destinatario.

Apprezzare tutte le persone meravigliose, gli agi e i momenti belli della nostra quotidianità è un ottimo strumento per incrementare la felicità quando le cose girano per il verso giusto, ma quando scoppia la tempesta, la pratica della gratitudine può rappresentare la solida radice che àncora l'albero della vita. «Anzi» dice il professor Robert Emmons, un leader nella ricerca sulla gratitudine, «è proprio nelle situazioni di crisi che abbiamo più da guadagnare da una prospettiva di gratitudine sulla vita.»

D'istinto, nel momento in cui i medici e le infermiere si affannavano intorno al letto di mio marito, cercando di salvargli la vita, io usai la gratitudine come meccanismo di difesa positiva. Credo sia stata la prima volta in cui ho pensato, in modo lucido: «Che cosa posso trarre da tutto questo? Quali aspetti della situazione sono ancora sotto il mio controllo?». Era tutto così surreale, e stava accadendo troppo in fretta: un minuto prima parlavo tranquillamente con il medico in una sala d'aspetto del reparto di terapia intensiva, e un istante dopo avevo sentito l'allarme di un monitor, e visto una folla che si precipitava nella stanza di mio marito. In simultanea, due pensieri mi riempirono la mente: «È impossibile. Mi rifiuto di vivere questo momento»; e: «Sta accadendo davvero. È il mio turno di vivere un'esperienza *impossibile*, perciò devo trovare il modo di affrontarla, e di restare accanto a mio marito».

Il caos che regnava intorno a me – con i monitor impazziti, tutte quelle persone che correvano dentro e fuori dalla stanza – era pari a quello che mi era scoppiato dentro. Sapevo che il vortice mi avrebbe inghiottita e trascinata via se non avessi trovato un appiglio cui aggrapparmi. Fu questione di un attimo. Compresi che non potevo impedire a mio marito di morire, ma al tempo stesso non potevo permettermi di annegare. Presi una decisione: sarei stata grata di averlo avuto nella mia vita. Fu uno dei primi casi in cui ricordo di avere rallentato di proposito i miei pensieri per poter vedere le alternative ancora a mia disposizione.

Dimostrarmi all'altezza della situazione: questo era ancora sotto il mio controllo. Così cominciai a dire: «Grazie», ripetendo quella parola all'infinito. Ringraziai l'universo, Dio e il mondo per la persona che stavo perdendo. Ringraziai Ricardo di essere stato un padre magnifico e un marito insostituibile, che mi aveva amata con tutto il cuore e accettata incondizionatamente. E fui grata anche del fatto che la sua morte stesse avvenendo in modo rapido, senza dolore o paura. I medici e le infermiere mi guardavano come se fossi impazzita, ma io provavo un senso di pace. Stavo agendo in linea con i miei valori. Ed ero anche consapevole che quanto stava accadendo in quel momento riguardava lui, non me. Le conseguenze per me le avrei avvertite dopo. Perciò decisi di essere al suo fianco, un'ultima volta. Sono fiera di esserci riuscita. Riversai su Ricardo tutto il mio amore e la mia gratitudine. Non so come, ma gestii quel momento. E ne sono molto grata, come pure degli amici e dei parenti che mi restarono accanto. Ma soprattutto sono grata che Ricardo sia stato il padre dei miei figli, offrendo loro un esempio vivente di gentilezza, compassione e generosità.

È curioso, ma io non ricordavo niente di tutto questo fino a cinque anni fa, quando mia sorella ne parlò durante un corso di formazione alla felicità. Il tema della seduta era la gratitudine, e lei disse: «È quel che hai fatto tu». Credo che il trauma della perdita di Ricardo avesse bloccato il ricordo. Come abbiamo visto, noi ricordiamo i momenti salienti delle esperienze, belle o brutte, e la fine di un evento.[1] Be', per quanto mi riguarda non riuscirei neanche a *concepi-*

re un'esperienza più saliente della morte di mio marito, che senz'altro fu anche la drammatica fine di qualcosa. Perciò la mia memoria era rimasta molto a lungo incastrata soltanto sull'evento, mentre adesso mi concentro sul miracolo che Ricardo sia esistito, e sulla gratitudine che provo, per avere avuto la possibilità di costruire una vita insieme a lui. Ne ho parlato spesso con il mio amico Mo Gawdat, ex Chief Business Officer di Google [X] e fondatore della One Billion Happy Foundation, che ha vissuto la tragica morte del suo splendido figlio. Sì, i nostri cari vengono a mancare, e questo porta uno strazio sconfinato, ma possiamo decidere di celebrare il fatto che sono vissuti, e questo può restituirci la gratitudine e, con il tempo, persino la felicità.

Io ho scelto di non perdere la mia fede in Dio, nell'amore e nella vita per ciò che mi avevano tolto; decisi di essere grata di ciò che avevo ancora – i miei figli. Non potrò mai capire perché Ricardo abbia dovuto morire in modo così improvviso e prematuro, ma in quel momento, nel pieno del caos e del trauma, la scelta della gratitudine mi restituì un senso di pace interiore. Lo shock precede il dolore. Sapevo che presto avrei dovuto affrontare i miei figli, e che il modo migliore di rassicurarli era dimostrarmi calma. La gratitudine aprì lo spazio necessario a riuscirci. E io mi impegnai con tutte le forze a trovare motivi di gratitudine, anche se in realtà avrei voluto urlare: «Perché è dovuto succedere proprio a me?».

L'unica volta che mi concessi di dire quel «perché proprio a me?» ad alta voce, fu mia madre ad aprirmi gli occhi, rispondendo, con dolcezza: «Perché *non* a te?». Aveva ragione. Il mondo è pieno di eventi terribili e ingiusti, di sofferenze e catastrofi. Dunque, davvero: perché non a me? La vita succede a tutti. Potrà trattarsi di piccoli inciampi, di delusioni un po' più dolorose o dello sfacelo totale. E a volte ci toccherà affrontare l'inconcepibile. Ma a prescindere dalla gravità, possiamo sempre usare la nostra creatività e i nostri punti di forza per affrontare la situazione in modo più sano, e trarre qualcosa di positivo dall'esperienza – se non subito, senz'altro sul lungo termine. Che sia pure soltanto la capacità di *immaginare* un futuro in cui le cose andranno un po' meglio. Anche questo è un modo di gettare semi che in seguito germoglieranno. Ma possiamo riuscirci solo prendendo coscienza del fatto che è possibile, e impegnandoci attivamente in quella direzione. Certo, è dura, ma per me l'alternativa era impossibile. Mi resi conto che se anche avessi passato il resto dei miei giorni nell'amarezza e nella depressione, non sarebbe servito a riportare in vita Ricardo. Mentre potevo proseguire la sua opera, raccogliendo il testimone della gioia, la gentilezza e l'amore che lui aveva portato nella nostra famiglia.

La gratitudine apre la porta alla felicità perché espande il nostro campo visivo, permettendoci di alzare lo sguardo dal punto ristretto che abbiamo sotto gli occhi per vedere ciò che ci aspetta oltre l'orizzonte. Osservando dall'alto la nostra vita, riusciremo a riconoscere che abbiamo ben più di quanto pensavamo, e questo ci riorienta verso uno schema mentale di abbondanza. Prendiamo coscienza di un'altra verità: «Ehi, ho davvero un mucchio di cose di cui essere grata!».

La perdita mi ha anche insegnato ad apprezzare le tante persone generose che aiutano gli altri a rendere speciali le esperienze ordinarie. La gratitudine non deve limitarsi agli accadimenti epocali; molto meglio che a evocarla siano i piccoli gesti quotidiani, elevandoli a interazioni trasformative. Possiamo assaporare ciascuno di quei momenti, prolungandone la durata nel tempo. Ogni volta che qualcuno ci porta un caffè, ci cede il passo, ci fa un complimento, ci dà una mano sul lavoro, ci presta un'attenzione qualsiasi, diciamo «grazie». Non basta pensarlo: bisogna esprimerlo. In questo modo non rischieremo di dare le persone per scontate. La gratitudine dimostra agli altri che li vediamo davvero, e che per noi sono importanti.

La gratitudine apre la porta alla felicità
perché espande il nostro campo visivo,
permettendoci di alzare lo sguardo dal punto
ristretto che abbiamo sotto gli occhi per vedere
ciò che ci aspetta oltre l'orizzonte.

Se vuoi la felicità, pratica la gratitudine. È così che «prendiamo coscienza di avere abbastanza, e di bastare a noi stessi».[2] È una parte essenziale della felicità sostenibile, che possiamo controllare e perfezionare. È una competenza che si impara.

E secondo la Harvard School of Medicine, l'investimento in gratitudine vale lo sforzo, perché oltre a favorire la felicità e altre emozioni benefiche, migliora anche la salute e i rapporti, incrementa la resilienza e ci aiuta a godere a fondo delle esperienze positive.[3] Per esempio scrivendo su un diario tutto ciò di cui siamo grati. Stabilisci un momento specifico della giornata da dedicare al tuo diario – l'ideale è subito dopo il risveglio o appena prima di addormentarti, perché in quel caso avrai meno distrazioni. Regalati un quaderno speciale – bello da guardare, piacevole da toccare, o che contenga citazioni motivazionali. Tieni sempre una matita o una biro infilata tra le pagine. Sembreranno suggerimenti ovvi ma, creando le condizioni adatte, la probabilità di mantenere l'impegno aumenta. Domandati quali motivi potrebbero indurti a rispettare l'impegno con costanza. Potresti anche adottare un «barattolo della gratitudine» – un contenitore di vetro in cui, sull'ispirazione del momento, tutti i membri della tua famiglia possano inserire un foglietto citando ciò di cui sono grati. Già solo vedere il barattolo che si riempie sarà una bella esperienza. Poi stabilisci una data o un termine di tempo per leggere insieme i biglietti. In questo modo la pratica della gratitudine diventa un'occasione di comunicazione e rafforzamento dei rapporti.

La gratitudine dimostra agli altri
che li vediamo davvero, e che per noi
sono importanti.

Forse scrivere non ti viene spontaneo, e ti sembrerebbe una forzatura. In quel caso, perché non usare la app del tuo cellulare per scattare foto a ciò di cui sei grato? Crea un album di immagini e guarda come si accresce. Anche questa è una pratica che puoi condividere con gli amici e i famigliari.

Sul lavoro, puoi scrivere un'e-mail di ringraziamento ai colleghi che ti hanno aiutato. Si può ringraziare qualcuno anche per un gesto dovuto; è comunque un modo di investire nei rapporti – il che, come sappiamo, equivale a investire nella felicità.

Un altro ottimo motivo per praticare la gratitudine è il suo contributo ad arrestare il rimuginare ricorrente, offrendoci un pensiero sostitutivo a quelli ripetitivi. In aggiunta, resetta il nostro cervello sul positivo. Non possiamo imporci di essere grati, contenti o felici, ma possiamo scegliere di compiere azioni positive. «Le emozioni derivano dal nostro modo di vedere il mondo, da ciò che pensiamo della nostra vita così com'è e della vita come dovrebbe essere, e della distanza tra questi due punti.»[4]

Nell'affrontare una delusione, la gratitudine ci restituisce il senso delle proporzioni, permettendoci di vedere la nostra vita nella sua interezza invece che lasciarci schiacciare da circostanze temporanee. Certo, non è facile, ma ne vale la pena – perché, con il tempo, ciò che ci impegniamo a fare diventa un modo di essere.

Io ho imparato nel modo peggiore possibile a non dare per scontati i miei affetti. E anche che non sempre la vita va come previsto. Anzi, può cambiare radicalmente, e da un momento all'altro. Quando capitò a me, convogliai tutte le mie energie nella gratitudine, e quell'*investimento* è cresciuto, tramutandosi nel fiore resiliente, multicolore e profumato della mia vita di oggi. Sono profondamente grata di tutto il sostegno, la gentilezza e la compassione che ho ricevuto in quel momento così difficile per la mia famiglia. La gratitudine è stata un balsamo per il mio cuore spezzato, ed è tutt'ora parte integrante della mia pratica di felicità. Come spiega il professor Robert Emmons, «non soltanto è positività allo stato puro, ma ha il potenziale di redimere i contesti più terribili, ribaltando in positivo la sofferenza e le avversità».[5]

Perciò soffermati sui momenti gioiosi che hai il privilegio di sperimentare, prendine nota e siine grato. Prolungane la durata condividendoli con gli altri, ricordandoli e apprezzandoli.

Ricorda: non possiamo decidere di *sentirci* grati o felici, ma possiamo scegliere di *praticare* la gratitudine e, coltivandone l'abitudine, diventare più felici.

Suggerimenti pratici

Tieni un diario di gratitudine:[6]

1. Trova nuovi elementi di cui essere grato nei momenti ordinari della vita. E sii specifico. Per esempio, invece di un generico: «Sono grato della mia famiglia», prova con: «Sono grato che mio figlio abbia rimandato il suo viaggio per restarmi accanto in questa settimana difficile».
2. Stabilisci un momento della giornata da dedicare al tuo diario. Qual è il momento migliore: la mattina o la sera? Sii realistico nel fissarti l'obiettivo, e visualizzalo. Crea le circostanze più favorevoli alla sua realizzazione, per esempio svegliandoti quindici minuti prima del solito e tenendo quaderno e biro sul comodino.
3. Sperimenta nuovi modi di tenere una cronaca di gratitudine, come ad esempio un barattolo di biglietti da leggere in famiglia ogni settimana oppure scattando una foto alle cose e persone di cui sei grato. Scegli il metodo che ti fa stare bene.
4. Scrivi un biglietto di ringraziamento alle persone della tua vita – amici, parenti e colleghi. Sii specifico, precisando esattamente ciò di cui sei grato.

13

IL POTERE DELLA NARRAZIONE E DELLA DIARISTICA

> *«Noi diventiamo la narrazione*
> *che abbiamo costruito per raccontare le nostre vite.»*
> *Jerome Bruner*

Gli esseri umani sono *fabbriche di significato.* La nostra identità corrisponde alle storie che raccontiamo a noi di noi stessi. Io ho scelto di essere la protagonista della mia storia, e questo mi ha permesso di rendermi utile ai miei figli, ai miei famigliari, e persino di lanciare il World Happiness Summit. WOHASU si è tramutato in un movimento di trasformazione positiva, forte di una comunità numerosa e diversificata di rivoluzionari determinati a rendere il mondo un posto migliore. A rendere possibile tutto questo è stata la mia decisione di creare una narrazione diversa per la mia vita. «Il nostro modo di vedere le nostre esperienze e di parlarne può ingrandire i problemi oppure aiutarci a contemplare nuove possibilità.»[1]

Io sono nata in Nicaragua, un Paese povero e tormentato, e ho avuto un'infanzia difficile. Da piccola ho vissuto esperienze che mi hanno lasciato il segno, incidendo anche sulla narrazione interiore che ho sviluppato da adulta. Senza rendermene conto, quelle esperienze mi avevano indotta a crearmi una narrazione da vittima, e di conseguenza a lasciare che fossero gli eventi a determinare la mia vita invece di scegliere in modo consapevole la mia strada. Non sapevo che dipendesse da me. Credevo che la vita capitasse e basta.

In realtà, come abbiamo visto nel Capitolo 2, il nostro cervello predilige l'efficienza, perciò costruisce schemi mentali che fungono da schedari in cui custodire le informazioni derivanti dall'ambiente. Ma data l'enorme quantità di stimoli esterni, noi ne percepiamo solo una parte, e la selezione avviene in base ai nostri schemi preconfezionati. Nel mio caso, significava che i miei schedari tendevano a riempirsi di negatività, e poiché io sperimentavo la vita attraverso quel filtro, non riuscivo a vedere le opportunità alternative alla mia portata. E nemmeno a cogliere le tante cose positive che accadevano intorno a me: avevo sviluppato un punto cieco. Guardavo il mondo attraverso una lente deformante, e nemmeno me ne rendevo conto, perché per me quella visione distorta era diventata una seconda natura.

La cosa più straordinaria che ho scoperto quando ho cominciato a interessarmi di psicologia positiva è la neuroplasticità, cioè la capacità del nostro cervello di cambiare i suoi schemi, permettendoci di trasformare e migliorare le nostre vite. Affinché accada servono consapevolezza e azione. Diventiamo consapevoli attraverso l'apprendimento e l'esplorazione – ambiti in cui ho potuto fare leva sui miei punti di forza, la curiosità e l'amore per lo studio. Il mio lutto era stato troppo grande per restare a crogiolarmi: dovevo agire, muovermi. Il dolore è un grande catalizzatore di cambiamento. Il fuoco scotta, e il bruciore acuto che senti avvicinando una mano al fornello ti induce a ritirarla per riportarla al sicuro. È una reazione innata, essenziale per la sopravvivenza.

Prendendo coscienza della nostra conversazione interiore, impariamo a rallentare i pensieri e a decifrare il messaggio che stiamo comunicando a noi stessi. A quel punto possiamo decidere su quali storie concentrare l'attenzione e quei messaggi diventano parte della nostra identità. Alcuni sono veri, altri no; ma tutti sono idee che diventano reali attraverso il comportamento.

Prendendo coscienza della nostra
conversazione interiore, impariamo a rallentare
i pensieri e a decifrare il messaggio
che stiamo comunicando a noi stessi.

Immaginiamo un bambino che, correndo in giro per la casa, ribalta un vaso da un mobile e lo rompe. L'adulto che ha assistito alla scena potrebbe reagire con rabbia, e sbottare: «Perché sei sempre così maldestro?». Forse quel bambino crescerà pensando di sé: «Sono proprio una persona goffa», invece di dire a se stesso: «Una volta ho rotto un vaso, e ho imparato a non correre in giro per la casa». Da adulto, il suo dialogo interiore continuerà a trasmettere lo stesso messaggio, per esempio convincendolo di essere troppo goffo per fare sport.

È così che le storie che ci raccontiamo di noi stessi diventano credenze limitanti, che condizionano in modo negativo la nostra quotidianità e restringono il nostro margine operativo. A causa degli schemi mentali, non ce ne accorgiamo, me se invece ne diventiamo consapevoli, possiamo usare lo storytelling per cambiare la nostra vita. Secondo la dottoressa Margarita Tarragona, specialista di psicologia positiva e prassi di narrazione, «intendendo i problemi come una sorta di storia, potremo trovare la soluzione scrivendo una storia diversa, alternativa».[2]

Dopo una relazione durata ventun anni, in un solo istante io mi sono ritrovata sola, e con tutt'altra identità: adesso ero vedova. Che cosa significava essere una «vedova»? La parola mi era talmente aliena che riuscivo a interpretarla solo attraverso i film. Chissà perché, mi evocò subito un'immagine del *Padrino*: una giovane donna divenuta improvvisamente vecchia, vestita di nero, condannata a non sorridere mai più, a morire dentro. Mi immaginai di vivere quella storia e all'istante bloccai il mio film mentale. Il mio dialogo interiore in quel momento andò più o meno così: «Manco per sogno. Non so come, ma non sarà questa la mia vita. Io tornerò felice. Ne verrò fuori. Diventerò la protagonista della mia storia, non una vittima delle circostanze. Vestirò di rosso».

Come si diventa eroi della nostra storia? Nel mio caso, prima ci fu la decisione, seguita dalla scelta dell'obiettivo: tornare felice. Poi mi resi conto che per realizzare la missione dovevo agire. Non sapevo quanto impegno ci sarebbe voluto, e nemmeno che proprio quell'impegno avrebbe determinato la trasformazione. Sapevo solo che per superare la paura del «fiasco» dovevo agire. Oggi ho capito che il fallimento stesso è apprendimento. Nella vita non ci sono prove in costume. È come prendere in mano un violino per la prima volta ed eseguire un concerto in un teatro gremito di gente! Si impara strada facendo, attraverso prova ed errore. Ma la cosa fantastica è che possiamo minimizzare la narrativa del fallimento, abituandoci a considerarlo un'occasione di crescita. L'importante è non ripetere sempre gli stessi errori.

Il fallimento stesso è apprendimento.
Si impara strada facendo, attraverso
prova ed errore.

Quando iniziai il master in Business Administration alla Georgetown, non avevo idea di come avrei impiegato quella laurea. Era il processo a interessarmi, non il suo traguardo. Volevo scoprire di cos'ero capace e mettermi alla prova in un nuovo ambiente che forse mi avrebbe aperto nuove opportunità personali e professionali. A salvarmi la vita subito dopo la morte di Ricardo erano stati i miei figli. Dopo di loro, mi ha salvata la Georgetown. La sua comunità mi ha accolta a braccia aperte, e mi ha aiutata più di quanto possa spiegare. Ho trovato amici comprensivi, capaci di offrirmi sostegno ma anche lo spazio di cui avevo bisogno dopo una perdita subita appena pochi mesi prima. Per il mio compleanno, un'amica organizzò una cena in un ristorante di lusso. Ci saranno state trenta persone venute a festeggiarmi; avevano persino stampato il mio nome sul menu (lo conservo ancora). Nel primo anniversario della morte di Ricardo, la segreteria della facoltà fece recapitare un mazzo di fiori alla mia famiglia a Miami. Furono gesti pieni di significato, e che non potrò mai dimenticare.

Frequentando l'università, poco alla volta iniziai a evolvere, a diventare una persona diversa. Il mio dialogo interiore stava cambiando. Ripresi a sentirmi viva, e a immaginare un futuro in cui il buio si sarebbe dissipato, e io avrei smesso di avere paura. Cominciai a chiedermi: come si comportano le persone felici? Scoprii che in genere si alzano presto e vanno incontro a viso aperto alla loro giornata; che dicono «sì» alle attività divertenti; che fanno esercizio fisico e hanno una visione ottimistica delle cose. Decisi di imitarle, e notai che l'emulazione stessa mi stava cambiando. Il mio dialogo interiore stava diventando: «Sì, posso farcela». A questo punto devo sottolineare che non sto spacciando positività tossica. Ero ancora ferita, triste e molto vulnerabile. Ma mi stavo anche concentrando sugli aspetti della mia esperienza che potevo controllare, e dandomi il permesso di sperare, pianificare e rifiorire. Attraverso il dolore avevo aperto una finestra di possibilità.

Bada bene, la finestra non si era aperta da sola: ero stata io ad aprirla! E fu molto difficile, perché dovetti imparare molto in fretta qualcosa che per me era del tutto nuovo: a stare bene da sola dopo aver vissuto metà della mia vita da sposata. E la parte più dura è stata capire come diventare felice nel pieno del trauma e dello smarrimento. *Dovevo* farlo: l'unico modo di offrire una via d'uscita ai miei figli era indicarla con l'esempio. Volevo che stessero bene, che fossero felici, e per renderlo possibile, dovevo essere io la prima a trarre soddisfazione dalla mia nuova vita. Fu una vera sfida.

Scegliendo il significato che attribuiamo alle nostre esperienze possiamo creare una narrazione che potenzia il nostro senso di scopo. Come ho spiegato nel Capitolo 10, io decisi di trarre un significato dall'esperienza dolorosa capitata alla mia famiglia. Volevo tramandare il lascito di gentilezza, compassione, eccellenza, generosità e allegria di Ricardo. Questo mi ha permesso di abbracciare la vita in modo nuovo, accogliendo la speranza e liberandomi della narrazione di paura che mi soffocava, impedendomi di vedere il potenziale di felicità ancora alla mia portata.

Una volta deciso di cambiare il nostro schema per darci una narrazione diversa, è importante individuare prove a sostegno della nostra nuova visione. Possiamo trovarle nei nostri punti di forza. Come abbiamo già visto, la consapevolezza di sé porta in luce i nostri talenti, che a loro volta potranno contribuire alla nuova storia che raccontiamo di noi stessi, diventando parte della nostra nuova identità. Per carattere, io sono una brava comunicatrice e narratrice. Anzi, il mio primo master è stato proprio in comunicazione. In questo credo di aver preso da mio padre. Da piccola adoravo i suoi racconti, mi sbrigliavano l'immaginazione. E chissà, forse la visione che ho oggi sul futuro deriva proprio da quei sogni d'infanzia.

Terminato il mio corso di Business Administration mi venne naturale cercare un impiego nelle comunicazioni: comunicare era uno dei miei talenti, avevo una laurea per dimostrarlo, perciò la scelta mi sembrò ovvia. Accettai un impiego di responsabile della comunicazione e *crisis manager* in un'azienda, e me la cavavo piuttosto bene, ma non mi sentivo soddisfatta. Quel tipo di carriera non mi dava un senso di scopo e significato – i miei nuovi parametri per misurare il successo. Non ero sopravvissuta alla morte di mio marito e a tutto ciò che ne era derivato per poi accontentarmi di un lavoro che non mi faceva sentire viva. Avvertivo un vuoto che solo un autentico senso di scopo avrebbe potuto colmare. Ripensai a tutto ciò che mi ero detta al momento di perdere Ricardo e alla decisione presa allora. Non avevo forse scelto la felicità? Be', il mio nuovo lavoro non mi rendeva felice. Perciò rinunciai a un posto sicuro per seguire il mio vero obiettivo, scommettendo tutto sulla felicità.

È così che è nata la mia associazione. A partire da una narrazione diversa di me stessa: «Sono una persona che ha scelto la felicità a dispetto del dolore, e grazie a un impegno consapevole sono riuscita a raggiungerla. Ho trovato risorse inesauribili di significato creando e promuovendo una piattaforma per diffondere una scienza in evoluzione». Era questa la persona che volevo essere, e la missione cui volevo dedicarmi. Non c'erano garanzie di riuscita, ma avevo la mia esperienza: io avevo imparato a essere felice, e volevo offrire la stessa conoscenza e opportunità agli altri. Mi resi protagonista della mia storia tramutandomi in imprenditrice sociale, e trasformando un singolo evento in un movimento improntato ai principi di cui mio marito era stato l'esempio vivente.

Oggi il mio lavoro consiste nell'imparare da esperti straordinari, creare comunicazione con una comunità globale e condividere la mia storia di crescita e servizio agli altri. La mia soddisfazione deriva dalla possibilità di contribuire alla felicità del prossimo. Niente mi rende più felice che instillare in qualcuno una nuova consapevolezza di ciò che può realizzare nella vita. Beninteso, anche questo richiede tempo e fatica, ma ne vale la pena. Non sono cieca agli ostacoli, ma mi concentro a operare in modo efficace e positivo per superarli.

Prima di cambiare la mia storia, vedevo solo le difficoltà.

Adesso ho riorientato il focus dell'attenzione, e tutto ciò su cui mi concentro cresce. Con questo, non voglio sminuire l'impegno necessario. Al contrario, non ho mai sgobbato tanto in vita mia. WOHASU non fa che espandersi ed evolvere. Oggi offriamo un corso certificato di formazione per *Chief Happiness Officer*. Ricevo inviti a tenere conferenze e condividere la mia esperienza da ogni parte del mondo. Il nostro Summit in Italia è stato il primo fuori dagli Stati Uniti, e per la nostra organizzazione questo ha comportato affrontare una nuova cultura, una lingua straniera, un altro continente. Recentemente qualcuno mi ha detto che sono stata coraggiosa a organizzare un summit in Europa, ma a me è venuto spontaneo estendere la nostra opera a nuovi Paesi, perché credo fermamente nella possibilità di potenziare il livello di felicità delle persone, così da creare un mondo più sano e sostenibile. Le persone felici, grate, comprensive e gentili non fanno la guerra.

Se non sai come ritrovare la felicità o non l'hai sperimentata, ricorda di aggiungere *non ancora* alla fine della frase e nel tuo dialogo interiore. Io ci sono riuscita, e puoi farcela anche tu. Non hai un amore? *Non ancora.* Non hai trovato un vero significato per la tua vita? *Non ancora.* Il rapporto con i tuoi figli non è ideale? *Non ancora.* Adoro queste due paroline. Sono poche lettere, eppure il messaggio di speranza che trasmettono è potentissimo. E abbiamo tutti bisogno di un'iniezione di speranza.

I principi di base della felicità sono semplici, ma può essere difficile metterli in pratica. A volte può persino sembrare impossibile. Ma il prezzo dell'autocommiserazione e del vittimismo è ben più alto. Sia chiaro, è perfettamente normale sentirsi vittime delle esperienze traumatiche. Ma viene sempre il giorno – e solo tu puoi sapere *quando* – in cui diventa vitale passare oltre.

Io non faccio che arrovellarmi alla ricerca di nuovi modi di diffondere la felicità. C'è così tanto che non so fare... *non ancora*. Ma quando qualcosa merita il nostro impegno, allora non resta che agire. Riorientando il nostro dialogo interiore scopriamo risorse impensate dentro di noi e la giusta spinta motivazionale. Io troverò il modo di lavorare in Europa abitando a Miami. Tutti noi abbiamo un potenziale ancora da scoprire, e grandi capacità di adattamento, attraverso l'apprendimento, l'azione e la creazione di abitudini positive di cambiamento.

È così che la crescita diventa parte della nostra storia. Con ogni piccolo progresso, ogni passo in avanti, aggiungiamo un nuovo capitolo alla narrazione di cui siamo protagonisti. Ma questo potrà accadere solo se prendiamo nota dei nostri successi, anche se ci sembrano minuscoli e banali. Lo ripeto: sono le piccole cose a determinare i grandi cambiamenti. Per quanto mi riguarda, non esiste successo paragonabile alla sensazione che provo quando capisco che qualcosa è possibile, e riesco a spostare l'attenzione dal problema in sé per espandere la mia visione alle mille nuove opportunità create dal problema stesso.

E un'altra lezione che ho imparato è di andare dove sono voluta. Non serve forzare le situazioni. Mi basta seguire l'inclinazione naturale a passare il mio tempo con le persone e le organizzazioni davvero allineate con i miei valori e la mia missione. Insieme potremo scrivere storie di sostegno reciproco, e rendere il nostro viaggio molto più bello e produttivo. A volte proverò una piccola delusione a non essere inclusa, ma posso riorientare il pensiero, concentrandomi sulle tantissime occasioni in cui sono stata invitata da persone fantastiche a fare cose meravigliose. In questo modo «Non sono stata inclusa» diventa «Mi hanno accolta».

Tutti noi abbiamo un potenziale ancora da scoprire, e grandi capacità di adattamento, attraverso l'apprendimento, l'azione e la creazione di abitudini positive di cambiamento.

Nei miei viaggi porto sempre con me un fascio di bigliettini. Sono i messaggi d'affetto che mi hanno scritto gli amici nel corso degli anni. Loro non sanno che li tengo nello zaino, ma grazie a quelle parole io sento la loro presenza anche quando sono lontana. Ne traggo ispirazione e crescita. Perché «tutta la vita è un processo di crescita».[3]

E sono profondamente grata anche del fatto che io e i miei figli non suscitiamo la pena di nessuno, perché questo conferma la mia narrazione come protagonista della mia vita. Non ci sono vittime nella mia famiglia. Sono orgogliosa di come abbiamo preso un'esperienza ingiusta e dolorosa e l'abbiamo trasformata in un messaggio di speranza da trasmettere agli altri. Anzi, la speranza è proprio il tema più fondamentale della mia storia. Potrei riassumerla in cinque parole: «È cresciuta coltivando la felicità».

Io ho trovato il modo di essere più felice, e puoi riuscirci anche tu.

Suggerimenti pratici

1. Conserva i biglietti e i messaggi di ringraziamento e congratulazioni che hai ricevuto. Tienili a portata di mano, così da poterli rileggere e riassaporare in qualsiasi momento. Magari in una scatola sul comodino. Oppure creando un archivio digitale di tutte le e-mail di sostegno che ti sono arrivate. Replicale con uno screenshot e realizza un album sul tuo cellulare, intitolato: *Cose gentili che hanno detto di me*. È importante riguardarle, almeno di tanto in tanto. Le persone ci apprezzano più di quanto pensiamo, e le loro parole ci fortificano.
2. Che cosa ti dici quando parli a te stesso? Prendi nota delle parole che usi per descriverti, sia nel dialogo interiore sia con gli altri. Quali sono le parole più frequenti o predominanti? Riesci a individuare delle costanti? Cambia il dialogo autolimitante con una nuova narrazione. Segui le indicazioni al punto 3.
3. Esplora nuove identità. Il suggerimento di Margarita Tarragona è di guardare un film o ascoltare una canzone, e poi vedere il remake o ascoltare la cover. Nota com'è possibile riscrivere una storia da un altro punto di vista, e creare una canzone diversa da una melodia precedente. Una volta individuate le differenze, decidi quale versione preferisci, se quella originale oppure la successiva. Rifletti sulla possibilità di creare *versioni* diverse di te, improntate ai lati del tuo carattere che vuoi esprimere e mettere in luce. Impegnati a trovare il modo di coltivarli.

N.B. Per coltivare nuove abitudini, stabilisci rituali da ripetere spesso, così da sperimentare davvero la tua nuova storia. È così che una decisione astratta si tramuta in un modo di essere.

14

UN'ULTIMA PAROLA

NON LASCIARE CHE LA VITA TI ACCADA: PARTECIPA!

> *«Essere profondamente amati infonde forza;*
> *amare profondamente infonde coraggio.»*
> *Lao Tzu*

Ho avuto paura dell'oceano da quando vidi *Lo Squalo*, di Steven Spielberg. Da bambina era un problema. Tutti i miei cugini e amici adoravano il mare, e sguazzando con loro anch'io fingevo di divertirmi, ma in realtà ero terrorizzata. Mia madre – che mi aveva avvertita di non andare a vedere quel film – è un animale acquatico: l'oceano è la sua casa. A dodici anni mi iscrisse a un corso di vela, e per me fu un supplizio. Detestai ogni minuto passato in barca, a maggior ragione perché ancora una volta, diversamente da me, i miei compagni se la godevano un mondo. Mi piaceva guardare il mare, ma dentro di me non facevo che pensare a tutto ciò che poteva andare storto. Con il senno di poi, ho capito che quella fobia era radicata nel senso ben più concreto di pericolo e insicurezza che avevo sperimentato durante la mia infanzia in Nicaragua.

Quando scoprii la psicologia positiva, e in particolare i benefici che derivano dall'adozione di uno schema mentale favorevole alla crescita, decisi di affrontare la mia paura. Il lockdown della pandemia mi aveva impedito di viaggiare, perciò mi concentrai su quel compito. Feci ricorso a uno dei miei punti di forza, cioè la passione per l'apprendimento. Mi iscrissi a un nuovo corso di vela e imparai a governare un piccolo catamarano. Per la prima volta riuscii a godere la sensazione del vento tra i capelli e degli spruzzi delle onde sul viso, e la bellezza mozzafiato dell'oceano. Acquisii un nuovo senso di padronanza. Nuotai con i delfini e feci amicizia con i compagni di equipaggio. Avevo superato la mia paura, e l'esperienza mi ha resa più coraggiosa anche in altri ambiti.

Come credo sia capitato a molti, la pandemia mi ha indotta a riflettere più a fondo sulla mia vita. All'inizio pensavo: «Che sfortuna, vivere in questo periodo della storia». Mi sembrava la fine del mondo, senza contare gli effetti del lockdown su WOHASU: nel marzo 2020 fummo costretti ad annullare il Summit appena sei giorni prima dell'inaugurazione. Ma poi scelsi di riorientare il mio pensiero in una direzione più positiva: «Che fortuna, anzi, che privilegio, vivere in un periodo in cui il mio lavoro sarà molto più utile alle persone». Riuscii a cambiare prospettiva perché ho passato anni a studiare i principi condivisi in questo libro, e soprattutto perché continuo a esercitarmi, mettendoli in pratica ogni giorno. Magari ti sembra davvero troppo tempo speso solo a lavorare sul pensiero. Be', l'alternativa è non vivere appieno, non essere la versione migliore di me stessa, non prendere coscienza di tutta la bellezza che ho davanti agli occhi. Francamente ci sono già passata, e grazie, no.

Così decisi di usare il lockdown per trovare nuovi modi

di crescere da quanto stava accadendo. Scelsi di indagare e valutare gli ambiti della mia vita che presentavano ancora margine di miglioramento, settori in cui accettavo passivamente cose non adatte a me e non allineate con le mie convinzioni profonde. Operai cambiamenti significativi durante quel periodo. Misi fine a una lunga relazione, traslocai, cominciai ad appuntarmi idee per questo libro, riorganizzai la mia azienda, e imparai a governare una barca.

Crescendo da quelle nuove sfide acquisii una resilienza più profonda. Decisi di usare le mie esperienze di vita e la mia conoscenza di questa disciplina per metterle al servizio di chi ne aveva bisogno. Nel 2020 attivai la nostra rete di esperti, producendo e conducendo quaranta corsi master per aiutare la nostra comunità, e gli insegnanti e allievi delle scuole pubbliche. Offrii seminari sulla felicità agli studenti, i docenti e i laureati della facoltà di Economia della Georgetown. Tramutai i nostri corsi per la certificazione di *Chief Happiness Officer* da lezioni in presenza a lezioni online. Dopo due anni di assenza, nel marzo 2022 tenemmo il Summit di maggior successo nella nostra storia, e grazie all'ispirazione del nostro direttore del programma CHO, il dottor Sandro Formica, che è italiano, cominciammo a lavorare all'idea di portare il World Happiness Summit in Europa.

Nella vita le sfide non finiscono mai, e a volte – come insegna Tal Ben-Shahar – bisogna concedersi di essere semplici esseri umani. Io mi sento profondamente empatica e solidale con chi ha perso una persona cara. La pandemia ha risvegliato il mio trauma, perché mio marito è morto di una polmonite causata dall'influenza, un decorso molto simile a quello vissuto da tante famiglie colpite dal Covid. E piango anche tutte le relazioni che mi sono lasciata indietro durante la mia crescita, e le conseguenze di quelle perdite – compresa la rinuncia all'immagine che avevo della vita. Ma ho fatto pace con il cambiamento, e oggi ricerco di proposito i lati positivi e i barlumi di speranza. Sperimento lo stato di flusso quando scrivo, produco nuove idee, sono creativa – e di questo sono grata. E sono anche felice di passare più tempo con i miei figli, i miei sostenitori più accesi in assoluto. E continuo ad amare il mio lavoro, sviluppando piattaforme in aiuto delle persone, scambiando idee con gli esperti, e ora esplorando un Paese nuovo come l'Italia, dove ho incontrato una quantità di persone stupende e ho familiarizzato con una nuova cultura. Adoro scoprire posti nuovi e andare alla ricerca di nuovi modi per rendermi utile.

Nella vita le sfide non finiscono mai,
e a volte bisogna concedersi
di essere semplici esseri umani.

Decisi molto tempo fa di diventare felice, e attingo di continuo a quel senso di scopo e significato, che rappresentano la vera fonte della mia felicità. Attraverso la consapevolezza, l'apprendimento e l'azione, impiego gli strumenti scientificamente testati che ho presentato in questo libro per affrontare il senso di perdita o l'ansia quando riaffiorano, e ritrovare la strada verso emozioni più positive. Il ricorso costante a queste competenze me le ha rese spontanee, una parte naturale della mia vita. E quando la vita mi sferra uno dei suoi colpi, non resto atterrata troppo a lungo: mi rialzo subito, perché ho uno schema operativo cui appellarmi. La vita è dura, a volte durissima, ma è anche ricca di momenti elettrizzanti o pieni di serenità che rischiano di passarci inosservati se non prestiamo attenzione.

Sono in costante evoluzione. Ho scelto di assaporare le piccole gioie della quotidianità, e così facendo ho scoperto che in realtà sono autentici miracoli, capaci di spalancarmi il cuore. Ho perdonato chi mi ha ferita in passato, e oggi ne soffro di meno. La *realtà* non sarà cambiata, ma io ho cambiato il mio modo di vederla e rettificato le mie aspettative. Ricorda, questa non è una prova: è l'unica vita che abbiamo. Possiamo cambiare – anzi, cambiamo di continuo. Possiamo scegliere di adottare uno scopo e una direzione positivi, e persino puntare alla felicità. Io l'ho scelta perché i miei figli avevano bisogno di me. L'amore mi ha spezzato il cuore e mi ha salvato la vita. Ho cambiato il mio modo di pensare, e rivoluzionato la mia vita, imparando a nuotare in modo nuovo. E dando il mio piccolo contributo a cambiare il mondo.

Questa non è una prova:
è l'unica vita che abbiamo.
Possiamo scegliere di adottare
uno scopo e una direzione positivi,
e persino puntare alla felicità.

Suggerimenti pratici

Esistono innumerevoli esperti, libri e corsi sulla felicità. Quelli «giusti» sono quelli che funzionano per te. A prescindere da quale sceglierai, la chiave di volta sarà sempre la stessa: prendere coscienza del fatto che la felicità è un processo interiore, e che richiede un impegno quotidiano.

1. Crea un tuo metodo per esercitarti alla felicità. Ricorda: i principi sono semplici; il difficile è metterli in pratica.
2. Impegnati a dare ogni giorno la giusta priorità al tuo benessere.
3. Sperimenta un metodo per un tempo sufficiente a metterlo davvero alla prova.
4. Poi valutalo e decidi se proseguire oppure passare a qualcosa di diverso.
5. Quando avrai trovato il metodo giusto per te, identifica un ambito di benessere da cui cominciare il tuo lavoro.

CONCLUSIONE

Il *Sonetto 18* di Shakespeare, all'inizio di questo libro, è la mia poesia preferita. All'inizio della nostra relazione, Ricardo mi regalò un'edizione rara dei *Sonetti.*

Il volume comprendeva anche il *Sonetto 18*, in cui Shakespeare commemora la sua amata, affermando che «finché ci sarà un respiro o occhi per vedere, questi versi avranno luce e ti daranno vita». Dedicandole queste parole, il poeta l'aveva resa immortale.

Attraverso il mio lavoro con WOHASU e il World Happiness Summit, io tengo in vita il ricordo di Ricardo, perché è stato grazie a lui che ho dedicato la mia vita a promuovere la felicità come scelta consapevole. E questo riporta in vita anche lui: e la sua «eterna estate non dovrà sfiorire né perdere possesso del bello che [lui] ha; né morte vantarsi che [egli] vaghi nella sua ombra...».

Altre pratiche che ho adottato per coltivare la felicità (in ordine sparso)

La felicità merita di essere perseguita non soltanto come fine, ma anche perché il fatto stesso di studiarla, leggerne, scriverne e parlarne rende felici. Provateci e vedrete.

- Doccia gelata per resettare: è galvanizzante, soprattutto quando mi sento spompata. Dà letteralmente la «scossa».
- Di notte non tengo mai il cellulare sul comodino. Smetto di controllare i messaggi dopo le 21,00 e non riprendo fino ad almeno mezz'ora dopo essermi svegliata. Se la comunicazione è davvero importante, le persone possono contattarmi sulla linea fissa. Il nostro cervello è particolarmente sensibile poco prima del sonno e subito dopo il risveglio, e io cerco di averne cura. Ho scoperto che stando alla larga dal cellulare fatico meno a addormentarmi e al mattino mi sento più riposata.
- Il che ci porta al punto successivo: il sonno. Se mi sveglio stanca, mi sforzo di capire quale segnale mi stia inviando il mio corpo. Poi passo all'azione. E durante il giorno mi concedo un sonnellino. Non sottolineerò

mai abbastanza l'importanza del riposo. Dormire bene mi rende molto più produttiva e creativa.

- Se una situazione mi mette agitazione, rallento il pensiero, e mi chiedo: «C'è qualcosa di questa situazione che posso controllare?», «Qual è il corso d'azione migliore?».
- Senza esercizio fisico sto malissimo! Ogni giorno faccio dieci minuti di yoga e di esercizi con i pesi leggeri. Durante la giornata mi prendo varie pause per una breve passeggiata all'aperto. E adoro la sensazione che provo dopo un allenamento di corsa (mai più di tre chilometri).
- Dedico del tempo al mio cane.
- Adoro stare con gli amici e divertirmi con loro. Mi piace scherzare. Non mi prendo sul serio. Rido volentieri di me stessa.
- Dedico del tempo ogni mattina a meditare sugli aspetti della mia vita che vorrei migliorare e su tutti quelli di cui sono grata.
- Visualizzo un futuro in cui *va tutto bene*.
- Invio pensieri positivi a tutti, anche a chi non mi piace (non è facile, ma io ce la metto tutta).
- Mi impegno a perdonare finché perdono davvero. (Questo è ancora più difficile.)
- Tengo vari diari, su quaderni di colore diverso: nero per le cose che mi fanno soffrire e i problemi che sto cercando di risolvere; azzurro (o meglio ancora, rosa) per le cose che mi rendono felice, quelle di cui sono grata, i miei progetti per il futuro eccetera.
- Accetto il fatto di non poter controllare tutto.

- Prendo coscienza delle mie emozioni. Riconosco che io non sono né ciò che provo né ciò che mi accade.
- Dico «grazie», e specifico il perché. A volte il nostro interlocutore non sa di cosa gli siamo grati. Spiegandolo non soltanto sciogliamo il mistero, ma ottimizziamo la possibilità che accada di nuovo, perché abbiamo dimostrato di prestare attenzione.
- Chiedo aiuto e cerco di aiutare gli altri.
- Cerco di divertirmi il più possibile, soprattutto sul lavoro. Pianifico attività divertenti con la stessa cura che dedico alla mia agenda professionale. È un fantastico «tiramisù».
- Svolgo un lavoro allineato con i miei valori e che mi dà un senso di scopo.

Cose che sto cercando di migliorare (solo alcune: l'elenco è molto più lungo)

- Dedicare più tempo alla mia vita privata. Decidere dove voglio abitare.
- Liberarmi della paura della mancanza, e dei ricordi che mi fanno soffrire.
- Non giudicare gli altri.
- Riprendere a correre ogni giorno.

RINGRAZIAMENTI & GRATITUDINE

Questo libro è stato una maratona. Avevo cominciato ad annotarmi le prime idee durante il lockdown della pandemia, e l'ho scritto in un mese esatto, due anni dopo. Nel novembre 2022, mentre progettavo il nostro nuovo Summit, ho avuto l'occasione di incontrare, grazie a Marisandra Lizzi, una dei nostri maggiori sostenitori in Italia, la fantastica squadra di Rizzoli. Il mio editor Lucio Lorenzi e tutta la redazione hanno compreso la mia visione e l'importanza di diffondere la mia storia. E non si sono limitati a esprimere un interesse: sono subito passati all'azione, chiedendomi se fosse possibile completare la fase di scrittura entro la fine di dicembre. Ho risposto di sì: avevo meno di trenta giorni per farcela. Sono profondamente grata a tutti loro per aver creduto in me e avermi aiutata ad ampliare i cerchi concentrici della felicità. Ringrazio Elga Corricelli e Sandro Formica per avermi fatto conoscere in Italia tante persone a me così affini.

Niente di tutto questo sarebbe stato possibile senza il sostegno dei miei figli, Stefan e Kristof. Non soltanto li amo, ma li ammiro, per la loro gentilezza, generosità e forza. Adesso entrambi lavorano con me, ed è un sogno divenuto realtà.

Ringrazio anche la mia squadra di WOHASU, che non soltanto ha fatto il tifo per me, ma si è assunta responsabilità aggiuntive nel mese di dicembre per darmi il tempo di finire il mio libro.

Ho avuto, in particolare, la fortuna di lavorare con Cristina Sarto, una talentuosa giornalista che si è prestata da cassa di risonanza lungo l'intero processo di scrittura, e che ne ha resa divertente la maratona. Ringrazio anche i membri dcl World Wellbeing Movement che mi hanno ospitata a Oxford: dandomi la possibilità di scrivere nella vostra splendida biblioteca, nel mezzo di un paesaggio innevato, mi avete fatta sentire profondamente accolta. Grazie.

Ho avuto e continuo ad avere il privilegio di studiare e apprendere dalle menti straordinarie che si occupano della ricerca, dell'indagine, della pratica e della promozione della felicità e dei metodi di benessere. Per mancanza di spazio, posso citare solo alcuni degli esperti geniali che si sono uniti al nostro World Happiness Summit: Richard Layard, Sonja Lyubomirsky, Tal Ben-Shahar, Mo Gawdat, Margarita Tarragona, Sandro Formica, Jen Fisher, Jan-Emmanuel De Neve, Alberto Nobis, Maria Sirois, Itai Ivtzan, Isaac Prilleltensky, Robert Biswas-Diener, Kelli Harding, Maria Loi, Fred Luskin e Martin Seligman. Ma in realtà sono molti, molti di più. Vi ringrazio tutti.

Sono anche profondamente grata a mia sorella Tessy non soltanto per avermi accompagnata lungo tutto il mio viaggio – affrontandone tutti gli ostacoli – ma per la gioia che trasmette con la sua presenza. Mio fratello Jurgen mi ha aiutata quando ho avuto bisogno del suo sostegno per WOHASU, e di questo gli sarò sempre grata. Ringrazio mia cognata Inge, le mie nipoti Andrea, Karina, Kristen e Stephie, e i miei nipoti Jurgen e Jan Peter. Ringrazio i miei genitori, Karen e Jurgen, per avermi sempre sostenuta. Infine, un grazie speciale ai miei amici: vi voglio bene più di quanto possa esprimere a parole. E dedico questo libro agli amori della mia vita: Stefan, Kristof e Ricardo. È stato il loro amore a rendere possibile la mia felicità.

A PROPOSITO DELL'AUTRICE E DEL WORLD HAPPINESS SUMMIT

«Questa è la storia, vera e commovente, di una supereroina. Quando un racconto simile trova riscontro nelle più rigorose ricerche della psicologia e le neuroscienze, il risultato è un libro che educa, eleva e ispira.»

TAL BEN-SHAHAR, cofondatore della Happiness Studies Academy, insegnante e autore di fama internazionale nel campo della felicità e della leadership.

«Come si ritrova la felicità a fronte di una grave perdita? Nel libro *Coltiva la tua felicità*, Karen Guggenheim racconta con coraggio la sua storia personale di dolore e di lutto, per illustrare il potere trasformativo della crescita post-traumatica e fornire gli strumenti e le strategie necessari a ritrovare la felicità a dispetto delle sfide più grandi della vita.»

JEN FISHER, Chief Wellness Officer e autrice best-seller.

«Come possiamo creare in modo proattivo la vita che vorremmo, anche quando siamo colpiti dalla tragedia? In questo libro entusiasmante, Karen Guggenheim rivela che la felicità si può insegnare e apprendere, e spiega come ha tramutato un devastante lutto personale in un movimento globale per la felicità. *Coltiva la tua felicità* ci accompagna in un cammino di liberazione, insegnandoci a superare la disperazione e trovare la speranza, la felicità e una comunità usando da mappa i principi della psicologia positiva. Questo libro vi cambierà la vita. Sarà come intraprendere un viaggio insieme a un'amica fidata che vi rimette al volante della vostra esistenza, conducendovi oltre il dolore e verso destinazioni che non avreste mai creduto possibili. Grazie, Karen, per questo autentico dono al mondo!»

Kelli Harding, medico e psichiatra presso il Medical Center della Columbia University, autrice di *The rabbit effect. Live longer, happier, and healthier with the groundbreaking science of kindness.*

«L'impegno di Karen alla felicità, la sua passione e dedizione sia alla scienza sia all'implementazione dei principi della felicità, sono straordinari. Il suo approccio è sia motivazionale sia pratico, e ha un collegamento diretto con la mia convinzione che il cibo sia felicità e che la esprima con un linguaggio proprio.»

Maria Loi, chef, imprenditrice, ambasciatrice della cucina greca, filantropa, autrice, conduttrice televisiva ed esperta di lifestyle salutista.

«*Coltiva la tua felicità* è una guida avvincente e basata sulla scienza, ricca di strumenti pratici e di informazioni essenziali per chi voglia godere uno stato di felicità, soprattutto quando la vita non sembra stare dalla nostra parte.»

Sandro Formica, docente e conferenziere.

NOTE

1. Trauma

1 J.K. Boehm, P. Ruberton, S. Lyubomirsky, *The promise of fostering greater happiness*, in C.R. Snyder, S.J. Lopez, L.M. Edwards, S.C. Marques (a cura di), *The Oxford handbook of positive psychology*, 3ª ed., Oxford University Press, Oxford 2021.

2. Neuroplasticità

1 E. Diener, *Subjective well-being. The science of happiness and a proposal for a national index*, «American Psychologist», 2000, 55(1), pp. 34-43 (consultabile all'indirizzo doi.org/10.1037/0003-066X.55.1.34).

2 M.E.P. Seligman, *Flourish: A Visionary New Understanding of Happiness and Well-being*, Atria, Reprint Ed., febbraio 2012, trad. it. *Fai fiorire la tua vita. Una nuova, rivoluzionaria visione della felicità e del benessere*, Anteprima Edizioni, Torino 2017.

3 *Ibidem.*

4 D. Kahneman, A. Tversky, *Choices, values and frames*, «American Psychologist», 1984, 39(4), pp. 341-350.

5 P. Brickman, D. Coates, R. Janoff-Bulman, *Lottery winners and accident victims: Is happiness relative?*, «Journal of Personality and Social Psychology», 1978, 36(8), pp. 917-927.

3. Imparare qualcosa di nuovo e sintonizzarsi con il senso di scopo

1 R.F. Baumeister, E. Bratslavsky, C. Finkenauer, K.D. Vohs, *Bad Is Stronger Than Good*, «Review of General Psychology» 2001, Vol. 5, No. 4, pp. 323-370 (consultabile all'indirizzo assets.csom.umn.edu/assets/71516.pdf).

2 E.A. Hope, M.M. Chen, E. Orr, C.A. Metcalf, L.E. Fischer, M.H. Pollack, I. De Vivo, N.M. Simon, *Loving-kindness meditation practice associated with longer telomeres in women*, «Brain, Behavior, and Immunity», agosto 2013, pp. 63-159.

3 M. Puderbaugh, P.D. Emmady, *Neuroplasticity*, StatPearls Publishing, Treasure Island (FL) gennaio 2022, agg. 8 maggio 2022 (consultabile all'indirizzo www.ncbi.nlm.nih.gov/books/NBK557811/).

4. Fa' un bel respiro

1 University of Toledo, Counseling Center, *Deep Breathing And Relaxation* (consultabile all'indirizzo www.utoledo.edu/studentaffairs/counseling/anxietytoolbox/breathingandrelaxation.html).

2 K. Ka-Yin Yau, A.Y. Loke, *Effects of diaphragmatic deep breathing exercises on prehypertensive or hypertensive adults: A literature review*, «Complementary Therapies in Clinical Practice», Vol. 43, maggio 2021 (consultabile all'indirizzo www.sciencedirect.com/science/article/abs/pii/S1744388121000141).

3 M. Wool, *Distress versus eustress: Learn all about the different types of stress*, Betterup, 19 agosto 2022 (consultabile all'indirizzo www.betterup.com/blog/distress-vs-eustress).

4 A. Crum, T. Crum, *Stress Can Be a Good Thing If You Know How to Use It*, «Harvard Business Review», 3 settembre

2015 (consultabile all'indirizzo hbr.org/2015/09/stress-can-be-a-good-thing-if-you-know-how-to-use-it).

5 S. Achor, M. Gielan, *The Data-Driven Case for Vacation*, «Harvard Business Review», 13 luglio 2016 (consultabile all'indirizzo hbr.org/2016/07/the-data-driven-case-for-vacation).

6 B.W. Smith, C.G. Ford, K. Erickson, A. Guzman, *The effects of a character strength focused positive psychology course on undergraduate happiness and well-being*, «Journal of Happiness Studies», 18 febbraio 2020 (consultabile all'indirizzo doi.org/10.1007/s10902-020-00233-9).

7 A. Linley, *Average to A+: Realising Strengths in Yourself and Others*, CAPP Press, 2008.

8 L.A. King, J. Trent, *Personality* strengths, in H. Tennen, J. Suls, I.B. Weiner (a cura di), *Handbook of psychology. Personality and social psychology*, John Wiley & Sons, New York 2013, pp. 197-222.

9 T.D. Hodges, J. Asplund, *Strengths development in the workplace*, in P.A. Linley, S. Harrington, N. Garcea (a cura di), *Oxford Handbook of positive psychology and work*, Oxford University Press, Oxford 2010, pp. 213-220.

10 M. Csíkszentmihályi, *Flow: The Psychology of Optimal Experience*, Harper Perennial Modern Classics, 1° luglio 2008, trad. it., *Flow. Psicologia dell'esperienza ottimale*, ROI Edizioni, Milano 2021.

5. Restare in movimento

1 J. Thompson Coon, K. Boddy, K. Stein, R. Whear, J. Barton, M. Depledge, *Does participating in physical activity in outdoor natural environments have a greater effect on physical and mental wellbeing than physical activity indoors? A systematic review*, «Environmental Science & Technology», 2011, 45(5), pp. 1761-1772.

2 Centers for Disease Control and Prevention, *Benefits of*

physical activity (consultabile all'indirizzo www.cdc.gov/physicalactivity/basics/pa-health/index.htm).

[3] D. Kahneman, *Evaluation by moments: Past and future*, in D. Kahneman, A. Tversky (a cura di), *Choices, values and frames*, Cambridge University Press, New York 1999.

6. Lasciare andare il dolore e fare spazio alla crescita

[1] B.L. Fredrickson, *Cultivating Positive Emotions to Optimize Health and Well-Being*, «Prevention & Treatment», Vol. 3 (0001a), 7 marzo 2000 (consultabile all'indirizzo www.wisebrain.org/papers/CultPosEmot.pdf).

[2] S. David, C. Congleton, *Emotional Agility*, «Harvard Business Review», novembre 2013 (consultabile all'indirizzo hbr.org/2013/11/emotional-agility).

[3] B.L. Fredrickson, *Cultivating Positive Emotions to Optimize Health and Well-Being*, cit.

[4] S. David, C. Congleton, *Emotional Agility*, cit.

7. Assaporare la vita e le cose che mi rendono felice

[1] L. Wood, K. Martin, H. Christian, A. Nathan, C. Lauritsen, S. Houghton, I. Kawachi, S. McCune, *The Pet Factor. Companion animals as a conduit for getting to know people, friendship formation and social support*, «Plos One», 29 aprile 2015 (consultabile all'indirizzo journals.plos.org/plosone/article?id=10.1371/journal.pone.0122085).

[2] M. Wiking, *The art of making memories. How to create and remember happy moments*, «The Happiness Institute Series», William Morrow & Co, 1° ottobre 2019.

3 L.T.M. Huynh, A. Gasparatos, J. Su, R. Dam Lam, E.I. Grant, K. Fukushi, *Linking the nonmaterial dimensions of human-nature relations and human well-being through cultural ecosystem services*, «Sciences Advances», vol. 8, n. 31, 5 agosto 2022 (consultabile all'indirizzo www.science.org/doi/10.1126/sciadv.abn8042).

4 M.P. White, I. Alcock, J. Grellier et al., *Spending at least 120 minutes a week in nature is associated with good health and wellbeing*, «Scientific Reports», n. 9, 7730, 13 giugno 2019.

5 A.E. Budson, *Why is music good for the brain?*, Harvard Health Blog, 7 ottobre 2020 (consultabile all'indirizzo www.health.harvard.edu/blog/why-is-music-good-for-the-brain-2020100721062).

6 Johns Hopkins Medicine, *Keep Your Brain Young with Music* (consultabile all'indirizzo www.hopkinsmedicine.org/health/wellness-and-prevention/keep-your-brain-young-with-music).

7 S. Lyubomirsky, L. King, E. Diener, *The benefits of frequent positive affect: does happiness lead to success?*, «Psychological Bulletin», 2005, 131(6), pp. 803-855 (consultabile all'indirizzo www.apa.org/pubs/journals/releases/bul-1316803.pdf).

8 M.N. Shiota, *Awe, wonder, and the human mind*, «Annals of the New York Academy of Sciences», vol. 1501, no. 1, ottobre 2021, pp. 85-89 (consultabile all'indirizzo doi.org/10.1111/nyas.14588).

9 F. Marmolejo-Ramos, A. Murata, K. Sasaki et al., *Your face and moves seem happier when I smile. Facial action influences the perception of emotional faces and biological motion stimuli*, «Experimental Psychology», 2020, 67(1), pp. 14-22 (consultabile all'indirizzo econtent.hogrefe.com/doi/10.1027/1618-3169/a000470).

10 J. Mader, *Want resilient and well-adjusted kids? Let them play*, «The Hechinger Report», 14 novembre 2022 (consultabile all'indirizzo hechingerreport.org/want-resilient-and-well-adjusted-kids-let-them-play/).

11 L. Robinson, M. Smith, J. Segal, J. Shubin, *The Benefits of Play for Adults*, HelpGuide.org, 5 dicembre 2022 (consultabile all'indirizzo www.helpguide.org/articles/mental-health/benefits-of-play-for-adults.htm).

12 M. Clapp, N. Aurora, L. Herrera, M. Bhatia, E. Wilen, S. Wakefield, *Gut microbiota's effect on mental health. The gut-brain axis*, «Clinics and Practice» 15 settembre 2017, 7(4), p. 987 (consultabile all'indirizzo doi.org/10.4081/cp.2017.987).

13 R. Mujcic, A.J. Oswald, *Evolution of Well-Being and Happiness After Increases in Consumption of Fruit and Vegetables*, «American Journal of Public Health» agosto 2016, 106(8), pp. 1504-1510 (consultabile all'indirizzo ajph.aphapublications.org/doi/full/10.2105/AJPH.2016.303260).

14 R.I.M. Dunbar, *Breaking Bread: the Functions of Social Eating*, «Adaptive Human Behavior and Physiology», n. 3, 11 marzo 2017, pp. 198-211 (consultabile all'indirizzo link.springer.com/article/10.1007/s40750-017-0061-4).

15 C. Holmes, *Happier hour: how to beat distraction, expand your time, and focus on what matters most*, Gallery Books, New York 2022.

16 *Ibidem.*

17 www.cassiemholmes.com/timecrafting.

8. Amore, affetti e rapporti

1 D.J. Siegel, *Aware. The Science and Practice of Presence. The groundbreaking meditation practice*, TarcherPerigee, New York 2020, trad. it. *Diventare consapevoli. Una pratica di meditazione rivoluzionaria*, Raffaello Cortina Editore, Milano 2019.

2 D. Gilbert, *Stumbling on Happiness*, Alfred A. Knopf, New York 2006.

3 B.L. Fredrickson, *Love 2.0. How Our Supreme Emotion*

Affects Everything We Feel, Think, Do, and Become, Plume, New York 2013.

4 B.L. Fredrickson, *Remaking love*, TEDxLowerEastSide, 10 gennaio 2014.

5 R. Waldinger, *What makes a good life? Lessons from the longest study on happiness*, TEDxBeaconStreet, 23 dicembre 2015.

6 K. Reivich, A. Shatté, *The resilience factor. 7 keys to finding your inner strength and overcoming life's hurdles*, Broadway Books, New York 2002.

7 U. Orth, R.W. Robins, *Is high self-esteem beneficial? Revisiting a classic question*, «American Psychologist», Vol. 77(1), 2022, pp. 5-17.

8 S.B. Kaufman, E. Jauk, *Healthy selfishness and pathological altruism. Measuring two paradoxical forms of selfishness*, «Frontiers in Psychology», sez. Personality and Social Psychology, 21 maggio 2020 (consultabile all'indirizzo www.frontiersin.org/articles/10.3389/fpsyg.2020.01006/full).

9. Il perdono è un superpotere!

1 Mayo Clinic Staff, *Forgiveness: Letting go of grudges and bitterness* (consultabile all'indirizzo www.mayoclinic.org/healthy-lifestyle/adult-health/in-depth/forgiveness/art-20047692).

2 F. Luskin, L. Seago, *Forgiveness Is Not What You Think It Is*, Like Mind, Like Body Podcast, 2021 (consultabile all'indirizzo www.curablehealth.com/podcast/forgiveness-is-not-what-you-think-it-is-dr-fred-luskin?).

3 F. Luskin, *Forgive for good. A proven prescription for health and happiness*, HarperOne, San Francisco 2003.

4 L.L. Toussaint, G.S. Shields, G.M. Slavich, *Forgiveness, stress and health. A 5-week dynamic parallel process study*, «Annals of Behavioral Medicine», vol. 50, n. 5, ottobre 2016, pp. 727-735.

5 L.L. Toussaint, A.D. Owen, A. Cheadle, *Forgive to live. For-*

giveness, health, and longevity, «Journal of Behavioral Medicine» vol. 35, 2012, pp. 375-386 (consultabile all'indirizzo doi.org/10.1007/s10865-011-9362-4).

6 J. Corliss, *The art of a heartfelt apology*, Harvard Health Blog, 13 aprile 2021 (consultabile all'indirizzo www.health.harvard.edu/blog/the-art-of-a-heartfelt-apology-2021041322366).

7 F. Luskin, *Nine Steps to Forgiveness*, «Greater Good Magazine», 1° settembre 2004 (consultabile all'indirizzo greatergood.berkeley.edu/article/item/nine_steps_to_forgiveness).

10. Un lascito di gentilezza

1 M. Seligman, *Flourish*, cit.

2 I. Prilleltensky, O. Prilleltensky, *How people matter*, Cambridge University Press, Cambridge (UK) 2021.

3 A. Reece, E.W. Carr, R.F. Baumeister, G.R. Kellerman, *Outcasts and saboteurs. Intervention strategies to reduce the negative effects of social exclusion on team outcomes*, «Plos One» (2021), 26 maggio 2021.

4 K. Harding, *The rabbit effect. Live longer, happier, and healthier with the groundbreaking science of kindness*, Atria Books, New York 2019.

5 *Ibidem.*

6 Centers of Disease Control and Prevention, *What is Epigenetics?* (consultabile all'indirizzo www.cdc.gov/genomics/disease/epigenetics.htm).

7 E. Sahin, R.A. DePinho, *Linking functional decline of telomeres, mitochondria, and stem cells during ageing*, «Nature», 24 marzo 2010, pp. 520-528.

8 *Empathy*, «Psychology Today» (consultabile all'indirizzo www.psychologytoday.com/us/basics/empathy).

9 K. Cameron, *Practicing positive leadership*, Berrett-Koehler Publishers, Oakland (CA) 2013.

10 Healthdirect Australia, *Acts of kindness and compassion*,

2021 (consultabile all'indirizzo www.healthdirect.gov.au/acts-of-kindness-and-compassion).

[11] J. Holt-Lunstad, T.B. Smith, M. Baker, T. Harris, D. Stephenson, *Loneliness and social isolation as risk factors for mortality: a meta-analytic review*, «Perspectives on Psychological Science», marzo 2015; vol. 10, n. 2, pp. 227-237 (consultabile all'indirizzo journals.sagepub.com/doi/abs/10.1177/1745691614568352).

[12] V. Murthy, *Together, The Healing Power of Human Connection in a Sometimes Lovely World*, Harper Wave, New York 2020.

[13] J. Fisher, A. Phillips, *Work better together. How to cultivate strong relationships to maximize well-being and boost bottom lines*, McGraw Hill, New York 2021.

11. Meditazione, mindfulness, significato

[1] D.M. Davis, J.A. Hayes, *What are the benefits of mindfulness? A practice review of psychotherapy-related research*, «Psychotherapy», vol. 48 n. 2, pp. 198-208 (consultabile all'indirizzo www.habitualroots.com/uploads/1/2/1/3/121341739/whatarethebenefitsofmindfulness_1.pdf).

[2] R.J. Davidson, J. Kabat-Zinn, J. Schumacher, M. Rosenkranz, et al., *Alterations in brain and immune function produced by mindfulness meditation*, «Psychosomatic Medicine», vol. 65, n. 4, pp. 564-570, luglio-agosto 2003 (consultabile all'indirizzo pubmed.ncbi.nlm.nih.gov/12883106).

[3] *Ask Michael Steger about meaning and purpose in life*, psychwire.com (consultabile all'indirizzo psychwire.com/ask/topics/16daks/ask-michael-steger-about-meaning-and-purpose-in-life).

[4] R. Layard, *Happiness: Lessons from a New Science*, Penguin Press, Londra 2005, trad. it. *Felicità. La nuova scienza del benessere comune*, Rizzoli, Milano 2005.

5 S. Lyubomirsky, *The how of happiness. A Scientific Approach to Getting the Life You Want*, Penguin Press, Londra 2007.

6 B.L. Fredrickson, *Remaking love*, cit.

12. Gratitudine

1 B.L. Fredrickson, D. Kahneman, *Duration neglect in retrospective evaluations of affective episodes*, «Journal of Personality and Social Psychology», vol. 65, n. 1, luglio 1993, pp. 45-55 (consultabile all'indirizzo psycnet.apa.org/doiLanding?doi=10.1037%2F0022-3514.65.1.45).

2 B. Brown, *Daring Greatly: How the Courage to Be Vulnerable Transforms the Way We Live, Love, Parent, and Lead*, Avery, New York 2012, trad. it. *Osare in grande. Come il coraggio della vulnerabilità trasforma la nostra vita in famiglia, in amore e sul posto di lavoro*, Ultra, Roma 2013.

3 Harvard Medical School, *Giving thanks can make you happier*, Harvard Health Publishing, 14 agosto 2021 (consultabile all'indirizzo https://www.health.harvard.edu/healthbeat/giving-thanks-can-make-you-happier).

4 R. Emmons, *How Gratitude Can Help You Through Hard Times*, «Greater Good Magazine», 13 maggio 2013 (consultabile all'indirizzo greatergood.berkeley.edu/article/item/how_gratitude_can_help_you_through_hard_times).

5 *Ibidem.*

6 D. Carpenter, *La scienza alla base della gratitudine (e come può cambiarti la vita)*, The Upside (consultabile all'indirizzo www.happify.com/hd/the-science-behind-gratitude/).

13. Il potere della narrazione e della diaristica

1 M. Tarragona, *Positive identities. Narrative practices and positive psychology*, Positive Acorn, 2013.

[2] M. Tarragona, *Post-modern/Post-structuralist therapies*, in J. Lebow (a cura di), *XXI century psychotherapies*, John Wiley & Sons, Hoboken, New Jersey 2008, pp. 178-216.

[3] S. Formica, Master di scienza del Sé, WOHASU.

BIBLIOGRAFIA SELEZIONATA

Ben-Shahar T., *Happier: Learn the Secrets to Daily Joy and Lasting Fulfillment*, McGraw Hill, New York 2007, trad. it. *Più felice. Come imparare a essere felici nella vita di ogni giorno*, traduzione di Paola Rinolfi, Dalai Editore, Milano 2007.

Brown B., *Daring Greatly: How the Courage to Be Vulnerable Transforms the Way We Live, Love, Parent, and Lead*, Avery, New York 2012, trad. it. *Osare in grande. Come il coraggio della vulnerabilità trasforma la nostra vita in famiglia, in amore e sul posto di lavoro*, traduzione di Paolo Bassotti, Ultra, Roma 2013.

Fisher J., Phillips A., *Work better together. How to cultivate strong relationships to maximize well-being and boost bottom lines*, McGraw Hill, New York 2021.

Gawdat M., *Solve for Happy*, North Star Way, New York 2017, trad. it. *L'equazione della felicità*, traduzione di Elena Cantoni, Bur, Milano 2018.

Harding K., *The rabbit effect. Live longer, happier, and healthier with the groundbreaking science of kindness*, Atria Books, New York 2019.

Holmes, C., *Happier hour: how to beat distraction, expand your time, and focus on what matters most*, Gallery Books, New York 2022.

Lyubomirsky S., *The how of happiness. A Scientific Approach to Getting the Life You Want*, Penguin Press, Londra 2007.

Siegel D.J., *Aware. The Science and Practice of Presence. The groundbreaking meditation practice*, TarcherPerigee, New York 2020, trad. it. *Diventare consapevoli. Una pratica di meditazione rivoluzionaria*, traduzione di Carmen Marchetti, Raffaello Cortina Editore, Milano 2019.

INDICE

Finito di stampare nel marzo 2023
Grafica Veneta S.p.A. - via Malcanton 2 - Trebaseleghe (PD)

Printed in Italy